A Arte Da Filosofia

UMA PERSPECTIVA CRISTÃ

Artur Eduardo da Silva Neto

Para Patrícia e Daniella,

Esposa e filha amadas.

E para meus pais, Antonio e Maurinete,

Através dos quais estou hoje aqui.

A ARTE DA FILOSOFIA

4

Uma Perspectiva Cristã

Editor Geral
Glévison Soares Barbosa

Supervisão Geral
Jonas Moreno

Capa: Patrícia Buarque Pereira
Diagramação: Lizane Priscila Carvalho
160 páginas

1a. Edição: 2018
Luz e Vida

Ficha Catalográfica

SILVA NETO, Artur Eduardo da.
S 586a A Arte da Filosofia: uma perspectiva cristã /
Artur Eduardo da Silva Neto. - Curitiba (PR): Luz e Vida, 2018.
14 x 21 cm

Inclui bilifografia
ISBN 978-85-7624-247-5

1. Filosofia. 2. Religião. I. Título.
CDD 210

SUMÁRIO

apresentação

O presente livro é uma introdução à filosofia. Portanto, seu caráter é eminentemente introdutório. Isto não significa que esteja "amputado" de partes importantes. Como uma introdução à filosofia, o texto segue o escopo clássico das introduções filosóficas que podem ser encontradas no mercado literário: há uma divisão temática que norteia todo o texto. Esta divisão não é, contudo, apenas uma repetição convencionalmente usual do que já existe, ou seja, não é "mais do mesmo", pois nela mesclo propositalmente alguns assuntos que estão destacados nas atuais discussões sobre os principais temas da filosofia. Isto é importante, pois entendo que uma introdução à filosofia *deve* ser relevante também quanto à atualidade dos temas, ainda que, repito, o trabalho seja introdutório.

É importante também frisar que o este texto caminha consonante a uma perspectiva cristã. Alguns podem perguntar: *por quê?* Ainda que sendo outra pergunta, a seguinte resposta é cabível: *por que não?* Quando afirmamos a perspectiva cristã deste livro não estamos, contudo, dizendo que o mesmo se trata de uma *filosofia cristã*, a qual, na história da filosofia, diz respeito principalmente às contribuições de filó-sofos cristãos a temas que se relacionam com a Teologia, como "trindade", "livre-arbítrio", "o problema do mal", "a constitui ção humana" etc. Embora estes temas possam, eventualmente, perfilar nas apresentações temáticas que se desenrolam no texto, o objetivo fundamental aqui é a apresentação sistemática e expositiva dos principais temas da filosofia, tratados filosoficamente. Lembre-se: o livro é de *filosofia*, não de *teologia*.

Como os temas da filosofia existem para tentar responder questões (ao menos sistematicamente), estas são apresentadas sob a forma de perguntas: - *O que existe? – Como conhecemos o que julgamos conhecer? – O que é o Homem? – O que é o correto a se fazer? – O que podemos dizer filosoficamente sobre Deus?* Assim, o livro foi feito tentando-se elaborar um panorama dos principais assuntos concernentes à filosofia, divididos nos temas que evocam as disciplinas tradicionalmente conhecidas como *metafísica, epistemologia, antropologia filosófica, filosofia da religião* e ética. Pelo escopo dos títulos, percebe-se de imediato que os mesmos sugerem tentativas de respostas a partir das principais contribuições filosóficas, desde o início da história da filosofia.

Desejo a você, leitor(a), que tenha o presente livro para sua leitura, obviamente, mas também como um material de consulta. Durante sua formação, filosófica, teológica, histórica, sociológica, antropológica, eventualmente você voltará a estes temas, seja mesclando-os a novas informações de aprendizado, seja relembrando sua relevância ao longo da história do pensamento filosófico. O retorno aos temas da filosofia também se vê ao longo da História, remetendo-nos à importância do constante contato com os mesmos, uma vez que novas nuances são uma realidade perene entre os estudiosos das áreas supracitadas. Sendo assim, o livro se apresenta também como obra de consulta aos seus leitores.

Boa leitura!

Recife, 10 de Agosto de 2018.

capítulo 1

METAFÍSICA – *O que existe?*

Atualmente, quando se fala em *metafísica*, alguns pensam que o assunto tem a ver com um movimento esotérico relacionado à auto-ajuda ou paranormalidade. Outros ainda podem pensar que a metafísica é uma tremenda perda de tempo na filosofia, pois, atualmente, "ninguém fala mais sobre a *essência* das coisas". Os significados (essenciais parecem estar atrelados às formas como enxergamos o mundo ou, ao menos, à maneira pragmática como estruturamos as coisas através da linguagem. Mas, será que é isso mesmo?

A metafísica, ou o *estudo da natureza (essência) das coisas* é algo empolgante, desafiador, controverso e pode ser sim muito prático. Alguns dos pensadores mais renomados da História lidaram com a metafísica, produzindo importantes escritos quanto ao assunto. Personalidades como Parmênides, Heráclito, Platão, Aristóteles, Agostinho, Tomás de Aquino, Anselmo de Cantuária, René Descartes, Leibniz, Kant, Hegel, Heidegger, só para citar alguns. Apesar de conclusões distintas quanto ao tema, a questão aqui é mostrar que a metafísica tem seus 2.500 anos de discussões que não parecem arrefecer. Além do mais, a metafísica é parceira da teologia. Esta valeu-se de enormes contribuições daquela.

O QUE É *METAFÍSICA*?

Reza a lenda que o termo *metafísica* foi usado inicialmente como título para um conjunto de livros de Aristóteles (384-322 a.C.), um dos maiores filósofos da antiguidade. Aristóteles escreveu sobre praticamente todo tipo de conhecimento nos seus dias, desde um tratado sobre a retórica até sua concepção de astronomia. Dentre os trabalhos do chamado *Corpus Aristotelicum*, encontramos cinco grandes divisões: em primeiro lugar, os livros relativos à *Lógica*. Em segundo lugar, os de Ética e Política. Em terceiro, *Retórica e Poética*. Depois, os livros relativos à natureza, ou *Física*. Diz-se que um bibliotecário da famosa biblioteca de Alexandria, Andrônico de Rhodes, o último dos professores do Liceu, organizando os livros de Aristóteles, não soube onde colocaria os 14 livros nos quais o filósofo havia lançado as bases para um novo tipo de ciência, o "estudo do ser enquanto ser" (Metafísica - Livro IV). Então, ele colocou tais livros *ao lado* dos de Física, intitulando-os, segundo a lenda, μετα τα φισικα (*meta ta física* ou *ao lado da física*). Surgiu, acidental e prodigiosamente, o termo daquele que viria a ser talvez o mais fecundo e disputado ramo da filosofia: a metafísica!

O QUE É?

Afirma-se que o ex-presidente norte-americano, Bill Clinton, falou certa vez: "*Tudo depende do que é o significado de 'é'*". Observe as seguintes frases:

- Carlos é professor.

- Carlos é alguém que sabe se cuidar.

- Carlos é muito alto.

- Carlos é meu amigo.

Estas frases trazem definições um tanto quanto diferentes sobre o verbo "ser". O uso do "é" se revela com conotações diferentes nos casos supracitados e, neste momento, começamos a relacionar o que destacamos da definição de Aristóteles, o "estudo do ser enquanto ser" e os usos do "é" de que nos valemos diariamente. Obviamente, as quatro proposições sobre Carlos revelam relações entre a *substância* "Carlos" e os predicativos que a ele foram associados. Isto nos faz pensar sobre *propriedades*. Praticamente não há ninguém que negue as propriedades, hoje, mas suas definições envolvem querelas que se estendem através dos séculos.

As propriedades dos objetos envolvem-se numa controvérsia conhecida como *a disputa dos universais*. Este problema, um dos mais antigos da história da filosofia, relaciona-se com a questão da própria estrutura da realidade. *"O que existe?"* é uma pergunta que leva às mais diversas reflexões. Alguns desdobramentos naturais da questão poderiam ser *"as propriedades existem?"*, e *"como podemos classificar os objetos no mundo?"*. Observe as seguintes expressões: *dor, dor, alegria, tristeza, preto, amarelo, alto, amarelo.* Quantas palavras há na sequência? Alguém poderia dizer que são possíveis duas respostas: 6 ou 8. A aparente confusão se dá porque as palavras {dor, dor} e {amarelo, amarelo} denotam uma mesma *coisa* ou, em outras palavras, apresentam *uma mesma propriedade.* No caso, temos 8 palavras ao todo, mas apenas 6 denotando propriedades diferentes.

A partir daí, surge a questão: o que serve de paradigma para que formemos *grupos* ou *classificações* de objetos no mundo? As *propriedades* das coisas, através das quais podemos estabelecer algum critério de classificação, são gerais (universais) ou particulares? O que viria a ser conhecido como o *problema dos universais*, portanto, versa sobre a existência e a natureza das propriedades. O ponto, hoje, é que as pessoas não percebem como uma discussão a partir do que se iniciou com a questão dos universais é atual. Por "universal", lembre-se, temos algo como uma *propriedade* que pode estar em mais de um lugar, no mesmo momento, ou em momentos distintos. A *justiça, a humanidade, a bondade, o amor* são exemplos de universais. Ora, se a *justiça* é algo menos que universal, então um povo sem qualquer tipo de justiça seria *normal*, o que não funciona na prática (mesmo nos sonhos dos mais ardorosos relativistas). A questão, contudo, persiste: como e se podemos classificar propriedades universais.

OS PRIMEIROS PRINCÍPIOS

As leis fundamentais do pensamento para a nossa estrutura do real foram trabalhadas, inicialmente, pelos gregos antigos. São elas: o *princípio da identidade, o princípio da não-contradição e o princípio do terceiro-excluído*. Aristóteles, o primeiro grande sistematizador da lógica e da filosofia, trata explicitamente de tais princípios nos seguintes tratados: "Da Interpretação", cap. 9; "Segundos Analíticos", I, 10-11; "Metafísica", III, 2, 996 b 29-31; IV, 3, 1005 b 13-14, 15-16, 19-34. Em linhas gerais, eles podem ser assim expostos:

- Princípio da identidade: *algo é o que é.*

- Princípio do terceiro-excluído: *qualquer proposição ou é verdadeira ou falsa, e nada mais além destas possibilidades.*

- Princípio da não-contradição: *para qualquer propriedade P, nada pode ser tanto P quanto não-P, ao mesmo tempo e modo.*

Estes são princípios fundamentais pois não podem ser demonstrados (ou *justificados*), i.e., não se valem de outras proposições para sua justificação. São considerados irrefutáveis, porque suas contraditórias são, no mínimo, ambíguas, quando não, falsas.

Considere, agora, as seguintes proposições:

- *O amor é o que é.*

- *Ou se ama ou não.*

- *Ninguém pode amar não amando.*

Observe que usamos nas proposições, da forma mais clara possível, os axiomas[1] expostos anteriormente, ou os *princípios fundamentais do pensamento*. Estamos destacando o "amor" e, como expusemos, esta é uma propriedade (substancial) real, presente nos atos das pessoas. Assim, o ato de amar possui propriedades distintas, de *segunda ordem*, as quais podem existir ou não nos atos que se relacionam com amor. Normalmente, estão presentes, mas não sempre. O que não significa que não exista amor. Para a maioria das pessoas, o "amor" é um universal. Contudo, dadas as dificuldades de se descrever com exatidão o que é "amor", as tensões sobre as principais correntes que se apresentam como soluções para o problema dos universais eclodem.

SOLUÇÕES FILOSÓFICAS PARA O "PROBLEMA DOS UNIVERSAIS"

A querela dos universais tem, de modo geral, três res-

---

1. Um "axioma" (do grego αχιομα; *dogma, opinião não contradita*) é uma verdade que não pode ser demonstrada, pois é fundamental, essencial. Diz-se que um axioma é *autoevidente*.

postas ou intuições filosóficas, que lidam com o problema sob perspectivas distintas. Em primeiro lugar, temos o *nominalismo (radical)*. Este defende que propriedades universais não existem. A única coisa existente é um "particular concreto". Imagine um conjunto de 10 cavalos de raças diferentes. Os tais têm a propriedade de serem cavalos *se e somente se esta propriedade for verdadeira para os 10 membros ou for verificado que os 10 membros são de fato cavalos*. Se você está pensando em uma certa redundância do *nominalismo radical*, é porque ele é assim mesmo: como as propriedades não existem, apenas particulares concretos e as palavras que denotam tais propriedades (no caso, o que se define como "cavalo") são reais, classificações só são possíveis mediante as palavras que lhe são atribuídas, daí o *nominalismo*.

Outra resposta filosófica à questão dos universais é o chamado *nominalismo moderado*. Este defende a existência de propriedades, mas, concomitantemente, alude às tais como "qualidades particulares abstratas". Assim, no caso dos cavalos, cada membro do hipotético grupo dos 10 equinos tem todos os "particulares abstratos" que fazem do cavalo aquilo que ele é: formato do corpo, genética, patas, rabo, crina. Em seguida, temos o *realismo*. Para os realistas, os membros de determinado grupo (espécies) possuem as mesmas propriedades, porque as tais são universais. Os realistas mais conservadores defendem que propriedades são entidades abstratas (fora do espaço e tempo) e encontram-se nos indivíduos. Os nominalistas também creem que as propriedades estão nos indivíduos, mas sua relação é espacial. Para os realistas, tal relação, como dissemos, é não espacial, mas pode se dar de duas formas: ou *realmente*, isto é, as propriedades fazem parte dos indivíduos, ou no que pode ser conhecido como *realismo modelo-cópia*[2], que defende que as

---

2. Cf. MORELAND, J. P. CRAIG, William L. **Filosofia e Cosmovisão Cristã**. São Paulo: Vida Nova, 2005, p. 265, 266.

propriedades dos indivíduos são "cópias", não as mesmas em si.

O problema	Resposta Afirmativa	Resposta Negativa
As proprieda-des são reais?	Nominalismo Realismo	Nominalismo radical
As propriedades são *universais*?	Realismo	Nominalismo e Nominalismo radical
As propriedades são entidades abstratas?	Realismo (alguns realistas discordam desta abordagem)	Nominalismo e Nominalismo radical
As propriedades têm uma relação espacial com os indivíduos ("constam" dos mesmos)?	Realismo (os realistas, na verdade, dividem-se neste ponto) Nominalismo (esta relação espacial é aceita por muitos nominalistas)	Nominalismo radical (para os tais, as propriedades não existem).

A QUESTÃO DA TRINDADE

Imagine, agora, a Trindade cristã. Na Teologia, entende--se que o Pai, o Filho e Espírito Santo *são Deus* (no singular, e não "deuses"). Isto é diferente do que se diz quanto aos membros de um determinado conjunto. Os nominalistas afirmam que as propriedades existem apenas a partir de relações linguísticas e, portanto, não se relacionam *ontologicamente (do grego: onto, ser; e logia: estudo – estudo do ser)*. Para entender melhor o problema e o que propõe a filosofia cristã, imagine três indivíduos: Pedro, Tiago e João. Observe as sentenças:

a) Pedro é homem.

b) Tiago é homem.

c) João é homem.

d) Pedro, Tiago e João são homens.

Por que usamos a propriedade "homem" (ou seja, "que contém humanidade") no plural? Obviamente, porque *Pedro, Tiago e João compartilham* a propriedade substancial da *humanidade*. O mesmo se aplica à Trindade, sendo que com "Trindade" estamos querendo algo quanto à relação existente entre o Pai, o Filho e o Espírito Santo com a "divindade"? Para respondermos esta questão importante, temos de recorrer à ideia de *substância* ou aquilo que é substancial. A discussão sobre as propriedades compartilhadas gira em torno do conceito de *semelhança exata*. As coisas assemelham-se, ou não, no mundo e de modos distintos. *Pedro, Tiago e João* são exatamente semelhantes quanto à propriedade da *humanidade*. Normalmente, se diz que são particulares que possuem uma propriedade P, que é sua substância. Intuitivamente, nossa percepção tende a aceitar a ideia de que os três homens *possuem* realmente a propriedade P da humanidade, sendo algo mais do que uma mera questão de nomenclatura. As discussões sobre esta questão específica se acirraram ultimamente numa ramificação da antropologia filosófica chamada *transumanismo*[3].

3. *Trasumanismo* é, em poucas palavras, um meio de alcançarmos, através da ciência e da tecnologia, a imortalidade terrena. As discussões que envolvem o transumanismo recaem diretamente na ontologia, pois a tese é que a expressão "o que é o humano" torna-se ambígua. A robótica tem sido incorporada à biologia humana a cada dia, com mais eficiência. Qual o limite físico entre o Homem e a máquina? Se podemos nos tornar mais máquinas do que homens,

O nominalista poderia responder a questão propondo que, no caso dos três homens, *Pedro, Tiago e João,* nossos exemplos são um caso típico de semelhança exata. A semelhança exata é algo que, em si, não poderia ser realmente explicado. Os homens simplesmente se assemelham entre si, e não com um cachorro ou um morcego. Contudo, apesar do que defende o nominalista, principalmente o radical, as diversas semelhanças entre os particulares não são "fatos puros", mas fenômenos on-tológicos, os quais podem ser explicados com a simples menção da propriedade (universal) *compartilhada* pelas entidades par-ticulares. E é aqui que a coisa toda fica interessante, no que se refere à Trindade.

Com os particulares físicos, podemos afirmar que os mesmos *compartilham* as propriedades substanciais (universais) que os tornam membros de grupos e subgrupos específicos. Assim, *Pedro, Tiago e João* são "homens" porque *compartilham* a propriedade *P* da humanidade. Da mesma forma como um cilindro compartilha com uma bola de futebol a propriedade de *ser redonda,* e assim por diante. Contudo, o mesmo não se dá com as pessoas da Trindade. O *Pai, o Filho e o Espírito Santo* não *compartilham* a propriedade *P* da divindade, pois, do contrário, seriam "deuses" e não "Deus". Aqui que a metafísica precisa literalmente expandir seus hori-zontes, pois nem o realismo e muito menos o nominalismo, bem como seus desdobramentos, têm respostas diretas e com-pletamente satisfatórias ao problema. Neste caso, revela-nos a Escritura que o *Pai,* o *Filho* e o *Espírito Santo são Deus.* Curiosa e extraordinariamente os particulares *são* a mesma *substância.*

A palavra *substância* vem do latim *substare,* cuja etimologia significa "sub", ou "embaixo"; e "stare", ou "estar". Desta

---

poderiam as máquinas se tornarem mais *humanas*? Todas estas são questões envolvidas nas discussões sobre o transumanismo.

forma, "substância" significa "o que está embaixo". Essa defi-nição é fundamental para que prossigamos na nossa discussão sobre *os universais*. A "substância" é sinônima da palavra grega "ousia", que significa, no mais das vezes, "essência". Contudo, as nuances destas palavras, suas pequenas e sutis diferenciações de uso, podem esconder uma verdade tremenda da ontologia divina. Isto não significa que a questão ontológica sobre Deus, relativa à trindade, seja de fácil resolução. Pelo contrário, é necessária uma atenção maior para que se entenda o pensamento cristão antigo que, ao meu ver, captou com maestria o que a Escritura nos revela sobre a substância do *Pai, do Filho e do Espírito Santo*.

É o caso de Gregório de Nissa (c. de 331-390), um dos chamados "Pais Capadócios", cujo trabalho e defesa teológica resultaram, dentre outras coisas, em sua participação decisiva do Concílio Universal de Constantinopla (381 d.C.), no qual se decidiu pela divindade do Espírito Santo. Abaixo, um excerto do pensamento de Gregório, que ajudou a moldar a ideia de *hypóstase* ou de *união hypostática* das naturezas de Cristo (divina e humana) e as diferenças entre *hypóstase, ousia* e *substância*, as quais nos permitem entender a sublimidade e precisão da ideia trinitária. Assim nos diz Gregório:

> Minha declaração, então, é esta. Que o que é falado de uma maneira especial e peculiar é indicado pelo nome de *hipóstase*. Suponhamos que dizemos: "um homem". O significado indefinido desta palavra incide certo sentido vago sobre os ouvidos. A natureza é indicada, mas o que subsiste e é especial e peculiarmente indicado pelo nome não se torna claro. Suponhamos que dizemos: "Paulo". Nós anunciamos, pelo que é indicado pelo nome, a natureza subsistente. Esta então é a *hipóstase*, ou "compreensão", não a concepção indefinida da "essência" (*ousia*) ou "substância", que, por causa do que é significado das pecu-

liaridades expressas, dá *estabilidade* e circunscrição ao geral e incircunscrito[4].

O que Gregório de Nissa está propondo é que quando dizemos um nome, referindo-nos a uma pessoa, anunciamos a natureza que subsiste, a *hypóstase*, que indica – de certo modo – a essência, conduto, sem defini-la. No exemplo com "Paulo", referimo-nos àquilo que "dá estabilidade e circunscrição ao geral e incircunscrito". Ora, o que seria o "geral e o incircunscrito"? Precisamente, a *essência,* a *ousia* ou *substância*. Voltamos, assim, ao exemplo de *Pedro, Tiago e João*. Ao colocarmos os três juntos, temos a substância ou essência da *humanidade*, que é *compartilhada* pelos três. Nenhum dos três, nem os três juntos, contudo, definem ou circunscrevem a *humanidade*. Esta propriedade essencial, i.e., *ser humano*, é um universal, incircunscrito, indefinido. Podemos acrescentar mais seres humanos ao conjunto, formado inicialmente por *Pedro, Tiago e João*, até chegarmos a toda a humanidade conhecida. *Ainda assim*, não teríamos definido e circunscrito *toda* a humanidade, pois este grupo teria a potencialidade de ser algo infinitamente maior do que imaginamos. Literalmente, todos os seres humanos ainda por nascer fazem parte potencialmente da humanidade, o que nos leva a possibilidades praticamente infinitas.

Agora, pense nas pessoas do *Pai, do Filho e do Espírito Santo*. Há uma diferença fundamental, quando comparamos com *Pedro, Tiago e João*. Primeiro, estes são *homens*, pois *compartilham* a propriedade essencial de *serem humanos*. Aqueles, contudo, não compartilham a propriedade da divindade, mas *são* a divindade. A característica do universal é *estar presente* em um corpo, uma extensão. Uma maçã é vermelha, mas não

---

4. SCHAFF, Phillip. WACE, Henry. **Nicene and Post-Nicene Fathers**. Grand Rapids: Wm B. Eerdmans Publlishing Co., 1955, p. 137-38.

é a *vermelhidade*. A propriedade *P* de *ser vermelho*, contudo, é compartilhada entre uma maçã vermelha e um carro vermelho, por exemplo. O mesmo não acontece com as pessoas da Trindade. É-nos revelado que "os três são um": "Pois há três que dão testemunho [no céu: o Pai, a Palavra e o Espírito Santo; e estes três são um. E três são os que testificam na terra]: o Espírito, a água e o sangue, e os três são unânimes num só propósito." (1 Jo. 5:7). A unidade com que é referida a Trindade, na Primeira Carta de São João, é essencial. Observe que não há *extensão* para "o Pai, a Palavra e o Espírito": eles *são* a Divindade.

O dr. William Lane Craig (1949 -   ) tem uma interessante analogia para a Trindade: o cão "Cérbero" que, segundo a mitologia grega, guardava os portões do Hades. Cérbero era um cão de três cabeças. Para além de quaisquer limitações óbvias quanto ao exemplo, o fato é que Cérbero possuía *três mentes*, ao passo que era apenas *um cão, um animal*. Veja que naturalmente dizemos que Cérbero é *um cão com três cabeças*, significando que *ele tem uma essência, mas, efetivamente, não seria apenas "um" cão*. A diferença hypostática (pessoal) dar-se-ia por conta das mentes e, obviamente, das tarefas que exerceriam para que Cérbero fosse um cão de guarda eficiente.

Creio que a analogia é boa e válida. Obviamente, há algo que "ligue", que "conecte" as pessoas da Trindade. Como não têm extensão, três corpos físicos eternos, não pode se tratar de nada físico, senão metafísico. Assim, *somente "sendo" a essência através da qual subsistem*, as pessoas da Trindade poderiam ser o que se nos foi revelado. E é curioso que a Escritura, sem pretensões filosóficas grandiosas imediatas, nos apresente as pessoas do Pai, do Filho e do Espírito exatamente desta forma: "os três *são* um".

A SUBSTÂNCIA E SUAS PROPRIEDADES: METAFÍSICA ONTEM E HOJE

Como vimos, Aristóteles (384-322 a.C. foi o primeiro a escrever sobre "o ser enquanto ser" - que viríamos a chamar de *Metafísica* -, de forma sistemática, sendo parte do conjunto de sua obra e aquilo que ele denominou de "filosofia primeira, ficou conhecido como *Metafísica*, o primeiro compêndio de pensamentos lógicos e filosóficos quanto ao tema. São, portanto, de Aristóteles os mais famosos desdobramentos ontológicos, em sentido estritamente filosófico, quanto à natureza do ser, a ideia de grupos (conjuntos) e a primeira classi-ficação de propriedades (universais). Estudaremos, a seguir, as principais ideias que nos foram legadas. Por fim, abordaremos questões mais atuais, findando este capítulo com alguns pon-tos acerca dos debates recentes sobre Modalidade e Metafísica.

DA NATUREZA DAS COISAS

Como pontuado, a *substância* é uma espécie de *propriedade fundamental*, que existe e subjaz o feixe de propriedades que constituem o ser. Um homem pode ser branco, pesar 86 Kg, correr muito, ser alto e assim sucessivamente. A substância da-quele *homem* possui as propriedades que o tornam único, um *particular*, mas também o classifica como pertencente ao con-junto dos homens: grupo que compartilha da mesma *essência*, ou *propriedade universal* essencial e incircunscrita. A unidade das propriedades faz dos particulares o que são. J. P. Moreland e Garret DeWeese dão um exemplo interessante:

> Por último, Totó (*no exemplo, um cão – grifo nosso*) é unidade de propriedades mais completa e consistente do que, por exemplo, uma porção de sal. Essa porção seria uma unidade de branquidade e da forma da por-

ção. Mas a totalidade, embora fosse uma verdadeira unidade dessas propriedades, não é tão completa ou consistente como a unidade Totó. As propriedades de Totó estão muito mais intimamente relacionadas umas às outras do que as propriedades em unidades menores como porções de partes. Todas as propriedades de Totó estão unidas por serem todas possuídas pela (ou inerentes à) mesma substância que está sob elas[5].

A consistência do ser, sobre a qual se referem os autores, tem por objetivo retransmitir a ideia de comparar o que é uma parte separável ou não. Uma coisa é tirar a *pretidade* (a propriedade de ser preto) de Totó (ou de qualquer outra coisa), e outra, bem diferente, é separar a mente da vontade, pois estas não existem sem uma substância. Assim, partes que não se separam do ser são constituintes de sua substância. Com efeito, as partes de uma substância são o que são em função da identidade que têm com o todo. Quando são separadas, elas se desconfiguram, pois perdem a identidade. E quando uma substância muda, as partes que a compõem deixam de ser o que a tornam aquela substância, ou, em outras palavras, aquela substância deixa de existir.

As combinações das substâncias resultam em *categorias naturais*. Estas formam os conjuntos mais conhecidos, como as classes de homens, morcegos, plantas, e assim sucessivamente. O que faz os membros destas classes pertencerem às mesmas são as características das partes da substância, que lhe dão forma. A esta junção de características, que formam a substância, chamamos também de *natureza*. Para *Pedro, Tiago* e *João*, a humanidade é *substancial* (ou *natural*). Para o número, o *ser* é substancial. Para os cães, é substancial serem *caninos*. Contudo,

---

5. MORELAND, J. P. DEWEESE, Garret. **Filosofia Concisa**. São Paulo: Vida Nova, 2011, p. 45.

terem todos os dentes não é. Assim como os cabelos não são substanciais para *Pedro, Tiago e João* (eles poderiam ser carecas, e ainda assim, homens). O número 1 nem sempre tem de ser positivo. Muitas vezes tem de ser negativo, mediante as aplicações matemáticas que fazemos com o mesmo.

A volição, por exemplo, é uma característica fundamental do ser humano, sendo-lhe, portanto, substancial. Questões bioéticas surgem quando se defende a eutanásia para indivíduos que estão permanentemente inconscientes, sem quaisquer chances aparentes de retornarem. Um dos pontos levantados é se, no estado vegetativo, aquele ser detém ainda as prerrogativas de ser humano. O mesmo se dá com anencéfalos. Defensor do aborto, o filósofo Michael Tooley teoriza que um feto é um ser humano, mas não alcançou o *status de pessoa*, plenamente consciente e, portanto, possuidora de direitos que lhes seriam legítimos, caso fosse – segundo ele -, uma pessoa.

Este *vir a ser* é algo discutido, aliás, desde os dias de Heráclito (c. de 540-470 a.C.). Aristóteles, que introduziu o conceito de *metamorfose*, ou o movimento natural da existência em que substâncias *se transformam* em outras. O exemplo famoso do Estagirita é a lagarta, que se metamorfoseia em borboleta. Desta forma, para Michael Tooley, em relação ao aborto, o feto *ainda* não alcançou o status substancial de pessoa e, portanto, pode sim ser abortado, uma vez que não deseja estar vivo e, segundo o filósofo, nem pode-ria, pois não é consciente de si. Voltaremos a esta questão posteriormente.

INTERLÚDIO – A TEORIA ARISTOTÉLICA DAS QUATRO CAUSAS

Antes de prosseguirmos, é importantíssimo que abordemos a chamada *teoria das quatro causas* de Aristóteles. O filósofo grego postulou sobre quatro causas básicas para o ser, que seriam: *causa formal, causa eficiente, causa material e causa final*. Respectivamente, estas responderiam as seguintes perguntas: *Qual a origem (ideia)? Quem fez? De que é feito? Com que propósito?* As discussões modernas às vezes desconsideram a teoria das causas aristotélicas como ultrapassadas e realistas demais. O maior exemplo é a controvérsia em relação à *causa final*. Em um mundo tendencioso a convencionar tudo, não é de admirar que uma teoria ampla e claramente realista como a de Aristóteles seja combatida. O prof. Anthony Kenny, mostrando as origens filosófico-religiosas da concepção do mundo a partir da ideia das causas, nos diz:

> Um filósofo de nossos dias, ao ler os fragmentos que restaram dos primeiros pensadores gregos, impressiona-se não tanto pelas questões sobre as quais eles primeiro refletiam, mas pelos métodos de que fizeram uso para dar respostas a elas. Afinal, o Genesis nos oferece respostas para as quatro questões causais propostas por Aristóteles. Se indagarmos sobre a origem do primeiro ser humano, por exemplo, ser-no-á dito que a causa eficiente é Deus, que a causa material foi o barro, que a causa formal foi a imagem e semelhança de Deus e que a causa final foi para que o homem tivesse domínio sobre os peixes e os mares, sobre as aves do ar e sobre toda criatura viva sobre a terra. E o Genesis nem é uma obra filosófica (...)
>
> O fato é que a distinção entre religião, ciência e filosofia não era então tão nítida quando veio a ser em séculos posteriores. As obras de Aristóteles e de seu mestre Platão forneceram um modelo de filosofia para qualquer época, e até hoje qualquer um que faça uso do título de filósofo alega ser um de seus herdeiros. Escritores de publicações de filosofia do século XX podem ser observados utilizando as mesmas técnicas de análise conceitual, e com freqüência repetindo ou re-

futando os mesmos argumentos teóricos, exatamente como se apresentam nos escritos de Platão e Aristóteles. Mas naqueles escritos há muito mais que não seria atualmente considerado discussão filosófica. A partir do século VI, elementos de religião, ciência e filosofia fermentaram juntos em um único caldo de cultura. Do nosso ponto de vista temporal, filósofos, cientistas e pensadores podem todos recordar esses primeiros pensadores como seus antepassados intelectuais.[6]

Apesar da crítica ao método aristotélico, uma ideia expressa pelo prof. Kenny é correta: parecer haver uma *intuição geral* quanto à teoria das quatro causas do ser, que foi captada pelo autor do livro do Gênesis, na Bíblia, que não é um livro de filosofia. Imaginemos que a teoria das causas de Aristóteles seja, até então, a melhor forma de justificar a existência do ser. A ideia parece ter surgido, na antiguidade, primeiramente da inquietação dos filósofos jônios[7] quanto à *origem* (gr. $\alpha\rho\chi\eta$) do cosmos. A problemática, para Aristóteles, se deu porque os filósofos antecessores parecem não ter percebido que a origem das coisas não poderia estar no *finito*, pois o infinito não deriva do finito, mas vice-versa. Daí a especulação sobre causas iniciais que, por sua vez, derivariam de algo incausado.

No sistema aristotélico, portanto, encontramos as causas *formal, eficiente, material e final*, as quais, por sua vez, adviriam de um *motor imóvel*, ser incausado que a tudo deu movimento. Com a teoria das quatro causas, Aristóteles não apenas quer justificar a existência do *ser* no mundo, como tenciona sem dúvida fazer-nos perceber que é possível falarmos sobre a *essência* das coisas, uma vez que, racionalmente, podemos conhecer

---

6. KENNY, Anthony. **Uma Nova História da Filosofia Ocidental**. V. I. São Paulo: Edições Loyola, p. 25.
7. *Jonia*: região costeira da Ásia Menor, que antigamente fazia parte da Magna Grécia.

como a forma esgotou-se no objeto sensível. Não é difícil, portanto, percebermos que, através da teoria das quatro causas, a mais abrangente teoria ontológica sobre a existência das coisas até então, avultam-se as questões subjacentes sobre propriedade, substância, essência, etc. Imagine um bebê. Como causa formal, ele tem (biologicamente) o ser humano, de onde procede. Como causa eficiente, seus pais. Como causa material, o produto genético de onde ele nasce e se desenvolve. Como causa final, de forma mais abrangente, temos aquilo para o que ele existe e, falando genericamente, ele (o ser humano) existe para fazer o que é devido aos seres humanos.

Sei que estou parecendo um tanto vago aqui, mas a intenção é justamente chamar-lhe à atenção, prezado(a) leitor(a), para uma questão crucial relativa àquilo que é substancial. Ainda que este ser humano se entenda como um gato, mie, ande de quatro, corra atrás de ratos e aja como um gato; ainda que se modifique substancialmente, afim de que pareça com um gato e viva como um, *essencialmente* não será um gato, pois as formas não coincidem. Sua *identidade* é de um ser humano e é o que prevalecerá. É aqui que surgem as confusões modernas, pois o conceito de *natureza* (ou *aquilo que é essencial*) tem-se dissolvido no turbilhão dos discursos nominalistas atuais. Se o conceito se esvai ao ponto de só existir a partir dos acordos linguísticos de que dispomos, as leis fundamentais do pensamento (*lei da não-contradição, lei da identidade e a lei do terceiro-excluído*) ruem, e pior, na esfera de nossa realidade estrutural.

Aqui, na nossa vivência de realidade no mundo sensível, sem as leis fundamentais do pensamento, o conhecimento torna-se impossível e a ontologia um devaneio. Nada mais é: tudo, no máximo, *vem a ser*. Ora, mas se nada mais é e tudo é um eterno *devir*, um *vir a ser*, então temos que as coisas não vêm do *ser*, posto que nada é. Logo, tudo o que há vem do *nada*, o que obviamente é um absurdo. Quando se afirma, portanto, que tudo é um eterno *vir a ser*, sem qualquer tipo de perenidade do *ser*, então se incorre em uma contradição lógica, o que nos deve fazer abandonar de imediato tal pensamento.

Destarte, o ser é e isso não pode ser mudado. Se o ser é, então é de algum modo. Se se defende que o ser é como *feixe de propriedades* apenas, ou seja, propriedades agrupadas de tal modo, que temos as mesmas formatam o que chamamos de ser, então estamos dizendo que as propriedades podem existir sem um possuidor, sem uma substância (que é), sobre a qual as propriedades existam. Isto é o mesmo que dizer que a cor preta pode existir sem uma extensão na qual se torne perceptível. Ou que os números existem *sensivelmente*, sendo mais do que puras formas. É dar uma abrangência à propriedade de ser (refiro-me, agora, aos números) maior do que o que lhe é inerente. Nenhum número sensível será jamais "o" número que se representa, pois *necessariamente*, os números não podem ter qualquer caráter sensível. Uma vez que tenham, deixam de ser *a coisa em si, o ser enquanto ser*, serão outra coisa, algo periférico, ou seja, apenas aquilo que os representa. Assim, "1" não é o número "um", em si, mas uma *representação*. O número "1 (ou qualquer número) só existe, enquanto *ser*, em um plano não sensível, não material.

RETORNANDO À NATUREZA DAS COISAS

Voltemos à questão do ser humano e à posição do filósofo Michael Tooley, segundo o qual um feto não adquiriu o status de pessoa por não ser plenamente consciente de si e, portanto, não tem o direito à vida como uma pessoa consciente tem. O mesmo se dá com pessoas em situação de coma, estado vegetativo, pois perdem segundo o pensamento de Tooley o direito à vida, uma vez que não mais têm a capacidade de querer continuar existindo. Em outras palavras, no caso de fetos, não alcançaram ainda a posição substancial de seres humanos. E no caso dos vegetativos, perderam esta posição. Daí, surge a pergunta: *o que é um ser humano*? Veja que, desde o início deste livro, você tem percorrido o caminho conosco, primeiramente tentando responder o que se quer dizer com *é*.

Na discussão a seguir, tentaremos expor os problemas metafísicos (ontológicos) que dizem respeito à definição de *ser humano*, e usaremos este exemplo como pano de fundo para apresentarmos os problemas que envolvem discussões atuais. Também servirá para expormos como uma questão metafísica (ontológica) pode ter implicações sociais enormes, inclusive morais. O que estaremos focando, agora, refere-se ao que um ser humano é. É claro que há opiniões e posições filosóficas divergentes, ambas com argumentos fortes e fracos. Exporemos, de forma mais analítica, as questões contra o aborto, pois toda a controvérsia sobre a questão, cremos, parte do princípio fundamental se o feto humano é uma pessoa.

O argumento pode ser exposto em linhas gerais assim:

- *É moralmente errado matar uma pessoa.*

- *Ora, o feto humano é uma pessoa.*

- *Logo, é moralmente errado matar um feto humano.*

Ativistas pró-aborto defendem, como o filósofo Michael Tooley, que o feto humano *não é* uma pessoa. Para Tooley, e muitos outros que pensam como ele, uma pessoa é alguém que tem consciência de si. Como dissemos, nem um feto nem alguém em estado vegetativo têm consciência de si. Mas, a questão permanece: o que é uma *pessoa*? Responder que o que faz alguém ser uma *pessoa* é a consciência de si parece forçado. Imagine que existam formas de vida inteligentes em outros mundos no universo. Imagine que tais formas de vida não se baseiam no carbono, como as que conhecemos aqui, na Terra. Essa vida alienígena inteligente pode ter níveis de interatividade completamente diferentes dos nossos, comportamentos inimagináveis com ou sem os parâmetros de moral que temos. É óbvio que me refiro a uma conjectura, uma hipótese, para alguns improvável, mas não impossível, portanto válida. Caso aquelas formas de vida existam, seriam *pessoas* porque teriam *consciência de si*?

Imagine, agora, uma máquina que simule (ou emule) tão bem a consciência humana que de fato pareça um ser humano. Não me refiro aos robôs que se nos apresentam nas feiras de informática e tecnologia, atualmente, que são muito avançados, mas que ainda se parecem com robôs. Refiro-me a uma máquina tão perfeita, tão parecida com um ser humano que confunda todos a sua volta. Esta simulação (ou emulação) da inteligência, de autoconsciência, seria suficiente para elevarmos seu status ao de uma *pessoa*? Parece-me que ambas as perguntas têm como resposta um inequívoco "não". Se assim for, quanto ao argumento sobre ser errado matar um feto humano por este ser uma pessoa, é possível que a *premissa 2* deixe lacunas quanto à justificação do feto humano ser uma pessoa. Mas, não temos boas razões para pensarmos que não é. A questão da consciência de si abre mais lacunas e nos deixa com mais perguntas do que respostas, não sendo, portanto, uma boa argumentação. Parece-nos que ser uma pessoa envolve mais do que uma percepção sensível de autoconsciência.

Anteriormente, falamos que as substâncias podem perder algumas de suas características sem, contudo, perdê-las demais. Da mesma forma, é inegável que algumas substâncias passem por estágios, nos quais se desenvolvem e, no caso das lagartas que viram borboletas, se metamorfoseiam, para usarmos um termo aristotélico. Contudo, as atuais controvérsias sobre o que é uma *pessoa*, advêm de questões mais profundas, que redundam em outras demandas de controvérsia ontológica muito vigentes em nossa sociedade. Questões de gênero, por exemplo, passam pelo mesmo viés e hoje temos uma gama de pessoas debatendo fervorosamente as questões de gênero, com alguns defendendo inclusive que não há gênero algum: tudo não passaria de mera convenção social. O ser humano que nasceu *homem*, segundo tais pessoas, no decorrer de sua vida pode descobrir que *nunca fora* homem de fato ou que, simplesmente, *percebeu-se melhor* como mulher. Mas, independentemente do que se defenda quanto ao gênero ou em que consiste o ser humano, ninguém há de duvidar que existe uma substancialidade irremovível ali, que é exatamente a *pessoalidade*.

Com efeito, nos parece que a questão também não pode ser encarada apenas pelo âmbito biológico. Se uma pessoa é uma pessoa (apenas) porque a biologia diz que é, então na Trindade não haveria nenhuma *pessoa*. O termo "pessoas" da Trindade estaria errado, haja vista a pessoalidade estar restrita à biologia. Sei que alguns argumentarão que essa questão é relativa "à fé" e, portanto, teológica. Penso que, antes de ser teológica é filosófica e, sendo assim, pertinente à discussão em questão. O conceito de *pessoa* foi debatido pelos antigos e, obviamente, pela Igreja, há séculos. Vimos que o mais próximo no grego se-ria o termo *hypóstase*, ou o latim *persona*. O conceito filosófico parece advir da ideia de pessoa como um modelo. Este modelo encontra seu *arquê*[8] em Deus, o que faz sentido, pois é necessá-

---

8. Do grego αρκη (*arkê*, de onde vem a palavra "arqueologia"), normalmente traduzido como *princípio*. A ideia de *arquê*, como no Gênesis 1:1 (Septuaginta) ou em João 1:1 "No princípio criou Deus os céus e a Terra" e "No princípio era o Verbo e o Verbo estava com Deus e o Verbo era Deus", respectivamente, remetem à estrutura fundamental da existência sensível, ou um início que causou a realidade em que vivemos, que chamamos de Universo. Este princípio, portanto, teria um paralelo fisicalista, muito mais do que mera contagem cronológica. Parece-nos que o versículo de Jo. 1:1 deve ser visto, ligando-se o *princípio* com *"era o Verbo"* (gr. *"ên"*, *"era"*), dando-nos a ideia de eternidade. É como se o imaterial e o material, como tempo e espaço, se encontrassem em um momento da Criação, tais quais

rio que o conceito de pessoa seja válido universalmente e não apenas levando-se em conta o aspecto biológico.

Obviamente, a crítica feita até agora à ideia de que o conceito de *pessoa* é restrito ao ser humano que tem consciência de si, não se aplicando ao feto ou a alguém em coma – aquele, porque *não teria alcançado tal status; este, porque o teria perdido* -, tentou mostrar que estes argumentos não fecham a questão, pelo contrário, suscitam mais perguntas do que respostas. No entanto, também estamos cientes de que não expusemos um argumento que explique o que é uma *pessoa*. As origens do conceito grego, aplicado à Trindade, lançam luz à questão e ajudam que percebamos que uma pessoa é primordialmente um *ser*, cuja essência possui elementos exclusivamente metafísicos.

Há seres e seres. Na ontologia, que viria a ser a mãe das

---

duas linhas paralelas que "se encontram" no infinito. Obviamente, percebe-se que o autor não está se referindo a um tempo físico, mas a um momento *metafísico*, pois não existe um "tempo antes do tempo". Assim, o *arquê* não pode ser cronológico (físico), mas lógico (mefatísico), pois o Verbo não foi *criado*, ele *era*. Creio que a ideia presente em Gn. 1:1 é aquela que é remetida por João no início, no prólogo do seu Evangelho, ou seja, a de um *princípio* que liga o infinito ao finito, o metafísico ao físico, o ideal ao real. Deus não está no tempo, fisicamente, mas ele cria *no princípio*. Obviamente, antes de criar, Deus *era*. João, por sinal, faz outra ponte magistral, desta vez, associando Jesus ao Verbo (gr. *Logos* ou *Palavra*): No relato do Gênesis1, Deus ordena a Criação na Terra falando. Jesus é associado à Palavra de Deus, pois esta é, obviamente, divina. Contudo, a Criação não é divina. Assim, o Pai, que é divino, pela Palavra – que também é divina -, cria o mundo, que não é divino. Esta é uma das bases, sem sombra de dúvidas, da Trindade revelada: ambos, o Pai e o Verbo (Filho) têm a substância da divindade. Não é à toa que Jesus, em João 1:14, é chamado de *Unigênito do Pai* (gr. "...δοχαν ωϖ μονογενουϖ παρα πατροϖ..."). A palavra parece descrever uma característica de relação, ou seja, uma vez que "o Verbo *era*" (gr. "*Εμ αρκη εν ρο λογοϖ*"), não poderia ter "se tornado". Logo, o Verbo (Filho) é único quanto à filiação, pois há uma relação substancial com o Pai, diferente dos que são "feitos filhos de Deus" (Jo. 1:12) pela crença no Filho.

classificações biológicas, as quais dariam origem às divisões de *espécies* e *gêneros*, temos exemplos puramente materiais, como as pedras. Por definição, uma pedra é algo *físico*, com características definidoras. Um exemplo de mau uso de definições ontológicas, que expõe como confusões podem ser feitas pela não compreensão de conceitos metafísicos, é a velha pergunta:

- Deus pode fazer uma pedra tão grande que ele mesmo não pode carregar?

A questão aqui não é o que Deus pode ou não pode fazer. É a não compreensão de conceitos metafísicos que promovem a confusão implícita na pergunta. Por definição, *Deus* é ilimitado. Uma pedra, não. Quando se pergunta se Deus pode fazer uma pedra maior que ele próprio, está se pedindo para que Deus - que por definição é limitado -, faça algo maior do que o ilimitado, o que é um absurdo. Deus *não pode* fazer algo que por definição é limitado, maior do que o ilimitado. Observe que o contrassenso não é somente lógico, mas ontológico. Esta questão suscita outras, relativas à *modalidade* lógica e ontológica, que abordaremos um pouco mais adiante. Por hora, é imprescindível que o leitor acompanhe a ideia: uma *pedra* é, por definição, algo finito, cujo status ontológico restringe-se ao mundo sensível (físico).

Um número, por sua vez, é o oposto. Como não tem extensão, sua essência se revela no mundo sensível por relações, que incluem representações diversas. Os platônicos diriam que "o número é forma pura", pois não faz sentido perguntar: "*Qual o tamanho do número 2?*". Números não têm peso, extensão, nada. Mas, não são nada. Seu status ontológico é exclusivamente metafísico e, por definição, não pode ser físico. Um número é essencialmente metafísico, mas há diferenças entre números e números, como há diferenças entre pedras e pedras. Uma pedra de basalto é diferente de uma de granito, assim como um número irracional, como o "pi" ("π"), é diferente de um número inteiro.

Assim, na realidade macroscópica, onde as leis da física newtoniana[9] e da lógica clássica são vigentes, os conceitos são bem definidos e aqui se encontram os parâmetros de outras realidades, para as quais podemos pensar acerca da natureza das coisas. Assim, não faz sentido falarmos em uma "pedra", cujas extensões existem exclusivamente *nesta* realidade macroscópica, tendo a mesma uma característica que foge à sua essência ou natureza. Uma "pedra ilimitada" é uma impossibilidade lógica e ontológica, tanto quanto "7 + 5 ser diferente de 12". Desta forma, a questão não é se Deus pode ou não pode fazer uma pedra que ele mesmo não possa carregar, mas pedirmos que Deus crie uma impossibilidade lógica e ontológica. Esta argumentação é, como dizemos em lógica, uma que *se reduz ao absurdo*, portanto, inerentemente equivocada.

A partir deste ponto, é importante ressaltamos os conceitos do que é *possível, impossível* e *necessário*. Daí, é igualmente importante abordarmos o que termos como *necessidade* e *con-*

---

9. Isaac Newton (1643-1727), foi astrônomo e alquimista inglês. Foi um *filósofo natural*, o que em sua época significava tratar dos conhecimentos relativos aos princípios mecânicos da natureza, a partir dos fenômenos que são observados pelos sentidos. A *filosofia natural* foi a precursora das *ciências naturais*, que, posteriormente, separaram-se em ramificações cada vez mais específicas. A chamada "física newtoniana" lida, portanto, com uma parte do real ou com uma realidade específica, na qual estamos inseridos. Em contraste, a partir do século XX, com a *física relativista* e a *mecânica quântica*, que lidam com realidades supra-macroscópicas e subatômicas, respectivamente, percebeu-se que *física clássica* ou *newtoniana* era insuficiente para responder a mais questões naturais. Como lida relativamente bem com as leis físicas de nossa realidade, a macroscópica, a *física newtoniana* é ensinada nas escolas até nossos dias.

tingência significam. Estes pertencem a uma ramificação da lógica, com raízes antigas e, digamos assim, uma "atualização" recente. É a *lógica modal*, que como o nome sugere, lida com *modalidades* ou *modos* de pensarmos a natureza.

MODALIDADE E ONTOLOGIA

O que é algo *necessário*? Pense nesta proposição: "o autor deste livro e a Instituto Aliança encontram-se em Recife". De fato, a sede do Instituto Aliança de Linguística, Teologia e Humanidades, o IALTH, e o autor deste livro residem em Recife. Mas, observe que isto poderia ser diferente. E se fosse diferente, então o enunciado, que ora é verdadeiro, seria falso. Se uma proposição, contudo for *necessariamente* verdadeira, então não há espaço para um "pode" sobre si. Há, todavia, uma relação entre *deve* e *pode*: se é uma verdade necessária que maçãs não são abacaxis, então não é possível que algo seja uma maçã e um abacaxi. Mas uma maçã é uma maçã *necessariamente*?

Observe este exemplo: algo é uma maçã ou não é uma maçã. Imagine que esta é uma proposição "A", então, "A" = algo é uma maçã (que chamaremos de "p") ou não é uma maçã (que chamaremos de "não-p" ou "¬p". O símbolo para o "ou", que é uma disjunção, é um V maiúsculo). Os símbolos para *necessário* e *possível* são um quadrado e um losango, respectivamente: □ e ◊. Assim:

A = p V ¬p (Algo é ou não é uma maçã).

Observe que isto não é mesma coisa que dizer que algo é necessariamente ou *não é necessariamente* uma maçã. A proposição "p V ¬p" é diferente de A′ = "□p V □¬p". A proposição "A′" diz que: algo é necessariamente uma maçã OU algo não é necessariamente uma maçã. Uma maçã não é algo necessário, pois ela mesma poderia não ter sido. Você já deve estar percebendo que, de certa forma, é fácil notar o que se quer dizer com *necessário* e *possível*. Tudo o que não é *necessário*, em lógica, é chamado de *contingente*. Contudo, a discussão sobre lógica modal excede e muito o propósito deste livro e, por isso, nos deteremos àquilo que, em relação à modalidade, relaciona--se com a metafísica.

Nos primórdios da moderna lógica modal (fins do século XIX e início do século XX), a ideia era que uma verdade lógica é uma verdade necessária. Desta forma, toda verdade lógica é uma verdade necessária e, se pudermos demonstrar que uma proposição se segue de uma verdade necessária, então esta proposição é necessariamente verdadeira. Posteriormente, os filósofos se interessaram por outros temas, relacionando-os à modalidade, como o conhecimento, o dever, as crenças, etc., de forma que o que atualmente conhecemos como *lógica modal* não envolve apenas os modos da verdade e da falsidade – chamadas modalidades *aléticas* -, mas *modalidades epistêmicas*, relacionadas ao conhecimento, às crenças, e as *modalidades deônticas*, relacionadas ao dever e à moral.

As ferramentas analíticas da modalidade, como a noção de *mundos possíveis*, perfilaram ao longo dos séculos, mas tiveram um renascimento na segunda metade do século XX, principalmente após a construção de uma semântica modal pelo filósofo analítico Saul Kripke (1940 -) e, atualmente, constam entre os temas fundamentais à filosofia. Veremos, posteriormente, que tais concepções interessaram a vários teólogos, pois suas implicações se constituem em poderosas ferramentas para a elucidação de questões teológicas antigas. Desta forma, para o(a) leitor(a) que tem também interesse em teologia, o aprofundamento nos tópicos modais surge como um ponto fundamental para os atuais debates sobre aqueles temas.

De fato, temos uma ideia de que este mundo poderia ter sido diferente em muitos aspectos. Sendo assim, algumas coisas que neste mundo são verdadeiras, poderiam não ter sido verdadeiras ou mesmo inexistirem. Exemplo: é fato que *os EUA são* o país mais poderoso da terra, em 2018. Contudo, se a Alemanha nazista tivesse ganho a 2ª. Guerra Mundial, o mundo poderia ter uma configuração completamente diferente, talvez com a Alemanha como o país mais poderoso da terra, atualmente (graças a Deus que isto não aconteceu!). Existe um mundo possível, portanto, em que os EUA não são, em 2018, a nação mais poderosa da terra.

Mundos possíveis não são entidades *reais*, mas instrumentos lógicos que existem para a análise e compreensão de parâmetros modais[10]. Quando dizemos que "***necessariamente, [quando Deus antevê, então é]***", significa dizer que a proposição "*o que Deus antevê, é*" é verdade em quaisquer mundos possíveis. Não existe um mundo em que "*não é verdade que o que Deus antevê, é*". A contingência existe quando algo que é verdadeiro, poderia ter sido falso, e vice-versa. Por exemplo: "*A capital do Brasil em 2018 é Brasília*". Esta proposição é contingencialmente verdadeira, pois existe ao menos um mundo possível em que "*a capital do Brasil em 2018 não é Brasília*". Assim, o fato de "a capital do Brasil em 2018 ser Brasília" *não é* necessário, mas contingente. Contudo, a proposição "[*o que Deus anteviu, é*]" é *necessariamente* verdadeira, pois se existisse

---

10. Há quem considere os *mundos possíveis* como reais. David Kellog Lewis (1941-2001) foi um filósofo analítico americano influente, orientando do grande filósofo analítico W. V. O. Quine. Lewis desenvolveu uma tese, chamada de *realismo modal*, na qual defende a concretude de mundos possíveis, ou seja, algo mais do que possibilidades lógicas. A ontologia do *realismo modal* de Lewis é algo interessante, porém, sua defesa na impossibilidade relacional causal e epistêmica intra-mundos, isto é, entre os supostos mundos possíveis existentes, parece tornar a tese de Lewis um elegante exercício lógico-ontológico que não pode ser comprovado. E apenas isto.

um mundo possível onde *"não é verdade que o que Deus anteviu, é"*, Deus não seria Deus de fato.

RELAÇÕES MODAIS *DE DICTO* E *DE RE*

As relações de modalidade que lidam com a verdade de proposições são, tecnicamente, chamadas de modalidade *"de dicto"* (*"da palavra"*), em contraste com as proposições que lidam com a existência ou inexistência de entes, com suas respectivas propriedades. As relações modais que lidam com as coisas são chamadas *"de re"* (*"das coisas"*). Assim, grosso modo, as relações modais envolvem sentenças, proposições (*de dicto*) ou aquilo que se refere às coisas (*de re*). Quando dizemos: *"se um triângulo tem três ângulos, então ele existe"*, estamos concluindo algo sobre *uma coisa*, no caso *um triângulo*, afirmando sua existência necessária (*necessidade "de re"*), a partir de uma proposição *"de dicto"* (pois todo triângulo, para ser um triângulo, tem de ter necessariamente três ângulos).

Vejamos um caso curioso, que ilustra bem como devemos ter cuidado com as afirmações modais. Imaginemos o caso do "atleta mais veloz". Com efeito, Usain Bolt é, atualmente, o "atleta mais veloz" do mundo. É uma verdade necessária que "o atleta mais veloz" seja um atleta. Isto é trivial. Assim, a frase: "Se Usain Bolt é o atleta mais veloz, então ele é *necessariamente* um atleta" é verdadeira. Aqui, a frase é modalmente verdadeira (i.e., possui uma verdade necessária), mas não é uma verdade *de re*, como, à primeira vista, podemos imaginar; é uma verdade *de dicto*. Logo, não é uma verdade necessária *de re* que Usain Bolt, "o atleta mais veloz", seja um atleta. Ele tinha muitas opções em sua vida; poderia ter seguido outra carreira. Ser um atleta não é uma propriedade necessária de Usain Bolt, mesmo que seja uma verdade necessária *de dicto* que "o atleta mais veloz" seja um atleta.

Outro exemplo clássico diz respeito à afirmação:

Necessariamente, se Deus anteviu, então é.

Em termos lógicos, se substituirmos o antecedente ("Se Deus anteviu") por P e o consequente ("então é...") por Q, te-remos:

$\Box(P \rightarrow Q)$, que se lê: "Necessariamente, se P, então Q".

Um pensamento falacioso seria:

1. $\Box(P \rightarrow Q)$

2. P

3. $\Box Q$

Substituamos as letras acima por um exemplo comum. Observe o argumento:

1. Necessariamente, se Jesus previu a traição de Judas, então Judas o trairia.

2. Jesus previu a traição de Judas.

3. Logo, Judas o trairia necessariamente.

O argumento, contudo, é inválido. A necessidade se dá na condicional $(P \rightarrow Q)$. A condicional é necessária, mas seus termos não são necessários. Se o fato de Jesus prever a traição de Judas (P) for *necessária*, será uma verdade lógica e ontológica, assim como sua traição (Q) em quaisquer mundos possíveis. Se isto fosse verdade, das duas, uma: ou só existe uma possibilidade, que é a necessidade lógica e ontológica do nosso mundo (com uma única história possível, na qual todos estamos destinados) ou existem, como defendeu Lewis, mundos realistas modais, todos necessários e concretos (como mundos paralelos).

Quanto à questão de Lewis, sua ontologia modal não

permite qualquer tipo de interação entre os mundos que ele defende existirem paralelamente, tornando-os, se existirem, impossíveis de serem verificados e, portanto, não nos importando muito. O problema quanto ao primeiro pensamento, o de que só existe uma única história possível, como um destino irrevogável, é que isso traz mais problemas do que soluções. Se tentarmos imaginar as coisas a partir do ponto de vista divino, a ideia do destino ou da história única parece uma tolice, haja vista que nós mesmos, seres humanos, imaginamos situações *contrafactuais*[11], nas quais, hipoteticamente, trabalhamos com possibilidades lógicas e ontológicas viáveis.

Há vários textos bíblicos que claramente denotam ser este o caso. Observe a situação em que Davi salva a cidade de Queila dos filisteus (1 Sm. 23:1-14). Ali ele fica, por um tempo, pois rei Saul tentava mata-lo. Davi, diz a Bíblia, consulta a Deus, e lhe pergunta se os habitantes daquela cidade o entregariam a Saul, caso ali permanecesse. Deus diz que entregariam e Davi foge ao deserto com seus homens, escapando de Saul. Para os que creem na veracidade do texto bíblico, esta é uma indicação contrafactual inquestionável. Não aconteceu o que aconteceria, caso algumas decisões fossem tomadas. Isto parece se encaixar perfeitamente àquilo que dizemos, pois *não era necessariamente verdade que Davi seria entregue nas mãos de Saul*. Só o seria, caso ficasse na cidade de Queila, o que ele não fez.

Há ainda um outro problema quanto à ideia de um único destino, uma única história possível: se imaginamos que esta história existe, ou foi Deus que a fez ou não. Se foi Deus, então Deus é o responsável por tudo o que acontece de bom ou de

---

11. *Contrafactuais*: eventos que não aconteceram, mas poderiam ter acontecido. Um evento contrafactual é, por definição, contingente. Diz-se que um evento contrafactual faz parte de um *mundo possível*, e que um evento real faz parte do *mundo atual*.

ruim, sendo, inclusive, o autor do mal moral no mundo. Se não foi Deus o autor de tudo, os fatos estão *todos* alheios à sua vontade, o que efetivamente diminuiria sua ingerência na História e constituir-se-ia um problema à soberania divina, pois, de fato, *todos* os eventos históricos lhe são alheios. Ambas as respostas parecem suscitar questões que são maiores do que elas próprias. Retornaremos a este assunto posteriormente.

Voltemos ao caso de Judas e vejamos novamente o argumento colocado (A):

1. Necessariamente, se Jesus previu a traição de Judas, então Judas o trairia.

2. Jesus previu a traição de Judas.

3. Logo, Judas o trairia necessariamente.

Se Jesus não previu necessariamente a traição de Judas (2), apenas a previu, então não é correto afirmar que (3) Judas o trairia necessariamente, mas apenas que o trairia. A necessidade neste exemplo tem mais implicações modais do que o escopo deste livro permite trabalhar. É importante observar que, a partir da ideia dos contrafactuais, se algo é necessário em todos os mundos possíveis e diz respeito aos seres e não apenas às proposições, temos uma verdade necessária *de re*, e não *de dicto* apenas. Ou, em outras palavras, se assim for, teremos uma verdade necessária *ontológica*, e não apenas *lógica*.

A princípio, pode-se pensar que não. Mas, um olhar mais acurado revelará que a modalidade, quanto bem aplicada, tem enorme significado teológico, sendo uma ferramenta indispensável para teólogos, filósofos da religião, filósofos da ética, etc. Os que apostavam no fim da metafísica para o século XX, hoje, em pleno século XXI, não poderiam repensar o que propuseram sem reconhecerem que erraram em sua previsão. As principais ramificações filosóficas nos mostraram, ao longo da História, uma capacidade insuperável de reinventar-se, sempre nos revelando novas nuances de seus limites epistêmicos ou relativos ao conhecimento que temos das mesmas. E por falar em *limites epistêmicos*, nosso próximo capítulo abordará uma das mais importantes ramificações da filosofia: a *epistemologia*, ou, *teoria do conhecimento*.

capítulo 2

EPISTEMOLOGIA – *O que é o conhecimento?*

Em uma era de tanta procura por informação, mais do que nunca precisamos repensar a pergunta: *o que é conhecimento?* Este deve ser o ponto de partida para a apresentação que faremos neste capítulo. Como quase tudo dentro da filosofia, no que se refere aos principais ramos da mesma, o nome da área que ora é objeto de nosso foco é grego. Vem das palavras "επιστεμη" (do gr. "epistemê", "conhecimento"), e "λογια" (do gr. "logia", ou "estudo"). Portanto, o estudo ou a *teoria do conheci-mento* busca saber o que conhecemos de fato. Para isso, recorre à pergunta que dá início a este capítulo.

Nenhuma atividade humana é feita sem algum tipo de conhecimento. Na medicina, na astronomia, na engenharia civil, no militarismo, na religião. Uma fé não pode se basear apenas em "boa vontade" ou "boas intenções". É mais do que mera liturgia. É, ou deve ser, algo que se fundamenta com a realidade de algum modo e à qual está ligada. Outrossim, com as ciências da mente ou com aquelas que estão na vanguarda de descober-tas, como é o caso da mecânica quântica.

A estrutura de uma ciência é, hoje, por definição, algo que segue uma norma, uma regra em que se estruturam princípios que nos permitem cha-mar nosso saber de *conhecimento*.

A busca pelo conhecimento é diferente de uma teoria do conhecimento. Em todas as atividades humanas há, como dissemos, algum conhecimento. Estes são conhecimentos específicos. Uma teoria do conhecimento, por sua vez, tenta examinar detalhadamente qual a *natureza da verdade*, ou seja, o que nos dá segurança para que mantenhamos ou abandonemos nossas crenças, mesmo as mais arraigadas. As teorias do conhecimento associam-se a outras áreas da filosofia, como a filosofia da mente, a lógica, etc. Isto porque, como sugerido, uma teoria do conhecimento precisa passar pelo próprio crivo, comprovar que o que julgamos conhecer é uma expressão exata da verdade.

O primeiro e mais fundamental passo em busca de uma teoria abrangente do conhecimento passa, necessariamente, pelo conceito de *crença*. Ninguém pode dizer que aquilo em que não se acredita é conhecimento. As definições para crença variam, mas, grosso modo, pode se dizer que a crença é uma espécie de estado mental ou a disposição de se conformar àquilo em que se está convencido. Alguns ainda defendem a ideia de que conhecimento e crença não se relacionam. Ledo engano. Para que minha cognição julgue conhecer algo, como "saber que estou escrevendo este livro", por exemplo, preciso primeiramente *crer* que estou, neste momento, digitando estas letras e que o que vejo diante de mim de algum modo corresponde à realidade, com um processo contínuo. Observe que, sem crer nisso e em tudo o mais que me rodeia, não poderia julgar o conhecer.

É claro que a crença em algo, por si só, não constitui uma razão *suficiente* para o conhecimento, apenas uma razão *necessária*. Suponha que, em uma tribo com pouquíssimo contato com civilizações exteriores, um pajé seja o curandeiro e eficientemente cure uma série de doenças dos nativos. Um dia, um grupo de antropólogos faz contato com a tribo e estuda seus costumes. Percebem que o conhecimento empírico do pajé, com raízes e plantas, é correto para a grande maioria dos problemas de saúde dos quais trata. Contudo, o pajé *crê* piamente que espíritos adentram as misturas, chás e preparos que ele faz e é por isso que as pessoas são curadas.

Imagine agora que, dentre os antropólogos, haja alguém com conhecimentos de farmacologia. Essa pessoa estuda os procedimentos do pajé, percebe a relação das doenças com as propriedades farmacológicas das plantas usadas empiricamente pelo curandeiro. O farmacólogo, então, compreende o que está efetivamente curando aquelas pessoas. Observe que o preparo dos remédios pode ser tão preciso, pela experiência do pajé, que ele tem uma alta taxa de sucesso na administração dos remédios feitos e administrados por ele. O farmacólogo, então, explica ao pajé o que é que de fato está acontecendo, mas é em vão: o feiticeiro da tribo ainda atribui aos espíritos, que para ele estão presentes nas substâncias que mistura e produz, a cura dos enfermos que o procuram. A pergunta é: uma vez que ambos, o farmacólogo e o pajé, administrariam os remédios mais ou menos da mesma forma, obtendo portanto a mesma taxa de resultados positivos, a quem poderíamos atribuir um conhecimento real sobre todo o processo? Obviamente que ao farmacólogo.

Vê-se que uma crença não é suficiente para que possamos dizer que temos conhecimento. Na verdade, o "conhecimento" do pajé é o que chamamos de *intuição empírica*, pois é feita mediante a experiência, na qual geralmente está presente a observação, o que dá certo, a *expertise*, um saber prático que, para fins práticos, gera resultados positivos. Um mecânico de automóveis pode conhecer por experiência que determinados mecanismos em certos carros funcionam melhor ou não em condições específicas sem, contudo, compreender o processo da engenharia dos mesmos mecanismos. Não se pode dizer que "não há conhecimento" por parte do mecânico, mas, é um tipo de conhecimento prático, intuitivo, menos formal do que o do engenheiro. Com efeito, quanto ao exemplo do pajé, sua *crença* nos motivos pelos quais as plantas e porções por ele feitas, curam, é falsa.

CRENÇAS VERDADEIRAS

Percebe-se que uma crença, portanto, precisa ser *verdadeira* para que possamos afirmar que há um conhecimento, digamos, no sentido mais estrito da palavra. Antes de avançarmos, é importante ressaltarmos com o que estamos lidando quando falamos em *verdade*. Parece haver alguma confusão entre *verdade* e *realidade*. Quando alguém mente, temos dois problemas: a *veracidade* de quem diz e a *verdade* do que se diz. A mentira tem um componente ético e um epistêmico. O ético se refere à veracidade, ou seja, relaciona-se àquele que fala. Por hora, o que nos interessa aqui é o componente *epistêmico* do que é dito, ou seja, aquilo que se relaciona com o que se diz. E é isto que é *verdadeiro* ou não.

A verdade, portanto, se relaciona às *proposições*[12]. Dizemos que algo é verdadeiro quando uma proposição expressa um fato no mundo. O *falso* ou o *verdadeiro* não está nas coisas,

---

12. *Proposição* – uma frase completa, com sujeito e predicado e verbo, que corresponde ou não à realidade. É o mesmo que *juízo* e pode ter valores analíticos ou sintéticos. Exemplo. Uma frase pode conter uma ou mais proposições. Proposições simples: "Ele é alto"; "o mar está revolto", "o universo é composto de forças físicas"; e proposições compostas (mais de uma por frase): "Para duvidar, é necessário pensar"; "se é hoje, não existe passado infinito e o tempo seria impossível". Ambas as últimas frases contêm mais de uma proposição cada.

as quais simplesmente são ou não são. Está nas proposições, ou nos juízos. Uma crença verdadeira é, portanto, algo que proposicionalmente corresponde à realidade. A grande questão é que há formas de se conhecer o mundo e acessar a verdade e, algumas vezes, aquelas não são necessariamente excludentes. Julgo que conheço a verdade do que sinto sem, contudo, ter aprendido a sentir – e saber – sobre esta verdade, numa sala de aula, por exemplo. Um determinado povo que conquista outro, pode impor seus valores, relativos aos seus próprios costumes. Com o passar do tempo, aqueles valores serão tidos como verdadeiros por todos.

Parece que algo semelhante a isso se deu no fim do diálogo entre Pilatos e Jesus, no Evangelho Segundo S. João. Pilatos pergunta a Cristo: "O que é a verdade?" (18:38). Parece-nos que Pilatos, na ocasião, queria persuadir Jesus a ao menos declarar-se inocente, porque a "verdade", para Pilatos, seria o que Roma dissesse. Se ele, como representante de Roma, que dominava o mundo antigo, dissesse que Jesus era inocente, então seria inocentado. Caso contrário, culpado. Esta "verdade" varia de acordo com o poder do dominador sobre o dominado, mas a imposição não é um critério válido para o descobrimento da verdade, pois esta muda de acordo com as circunstâncias de quem impõe sua preferência.

Para algo mais substancial quanto àquilo que queremos dizer em relação a uma proposição ser verdadeira ou falsa, devemos nos remeter a uma teoria que estruture corretamente os parâmetros que nos conduzirão ao reconhecimento da verdade. Veremos, a seguir, uma maneira bastante estudada e, portanto, aceita ou criticada entre os filósofos, acerca da forma como podemos definir como verdadeiras ou falsas nossas asserções sobre os fatos no mundo: a verdade como *correspondência* daquilo que uma proposição afirma sobre a realidade.

A VERDADE COMO "CORRESPONDÊNCIA"

Uma forma de se entender como acontece o conhecimento é através de uma teoria que, grosso modo, defende que a verdade está numa correta *correspondência* entre uma proposição e um fato no mundo. Assim, a proposição contém um conteúdo epistêmico que pode ser relacionado ou não ao mundo, revelando-se verdadeira ou falsa. Quando alguém pergunta "Deus existe?", e obtém como resposta algo do tipo "Para mim, sim", ele não está ouvindo um conteúdo proposicional que corresponde à realidade sobre a qual trata a pergunta, mas uma *opinião* particular acerca de um fato. Desta forma, a resposta *não* se relaciona com a pergunta. Normalmente, quando perguntamos sobre a *verdade*, o que se quer dizer com a pergunta tem a ver com a *objetividade* de um conteúdo proposicional, enquanto a resposta do exemplo acima sugere a *subjetividade* individual. Pode ser verdade que a pessoa que respondeu "para mim, sim", acredite de fato em Deus. Mas isto não se relaciona à questão original "Deus existe?".

A relação correspondente entre uma proposição e o mundo é o que estrutura a verdade do que se é dito sobre o mundo. A verdade, por sua vez, estrutura-se numa correta correspondência entre a proposição e o fato, finalmente *correspondendo* à realidade. Uma proposição que não corresponda à realidade não pode ser verdadeira. O escopo deste livro não permite que se trabalhe os meandros das dificuldades sobre a correspondência proposicional, conforme levantados por epistemólogos, mas nos deteremos na exposição desta teoria.

Uma correspondência pode se dar de forma puramente racional ou não. É impossível negar a existência do pensamento, por exemplo, pois pelo simples ato de negá-lo, o confirmamos (pois precisamos pensar para negar que pensamos!). Abrindo mão da experiência sensível, posso afirmar que "é verdade que o pensamento existe". Este é um *juízo a priori*[13], pois pode-se prescindir da experiência sensível para formulá-lo. De igual modo, quando se diz "Deus existe", formula-se um juízo que tem implicações dedutivas, as quais podem advir de formulações que tornarão a frase fruto de um *juízo a posteriori*[14]. Observe que uma frase como "Deus existe" obviamente tem dificuldades maiores e mais abrangentes do que uma que diz "a grama em frente ao Centro de Filosofia da UFPE é verde", pois, neste caso, pode-se verificar o teor do que se disse sobre a grama em frente ao Centro de Filosofia; enquanto a proposição "Deus existe" simplesmente não pode ser verificada pelos mesmos meios do exemplo da grama.

A verdade também passa pelo viés da *intenção*. Para os que defendem a teoria de que uma proposição é portadora da

---

13. Uma *proposição a priori* ou *juízo a priori* é um conteúdo mental que não necessita da experiência sensível. Ex.: "Todo homem de bem é antes um homem"; "qualquer número é igual a si mesmo".
14. Uma *proposição a posteriori* ou *juízo a posteriori* é um conteúdo mental que necessita da experiência sensível. Para alguns teólogos, a proposição "Deus existe" é *a priori*, pois baseia-se no *pressuposicionalismo*, que entende que as verdades do Cristianismo – e "Deus existe" é uma das verdades do Cristianismo – são necessárias. Com críticos inclusive nos mesmos círculos teológicos dos que defendem esse pensamento, o *pressuposicionalismo* parece, ao fim, uma tentativa um tanto confusa e sem uma clara correspondência com a realidade, que pretende, através de uma elaborada metafísica, apresentar o pensamento sobre Deus como algo que deve estar como substrato que fundamenta todo pensamento. Todavia, o ato de pensar está no princípio do pensamento e o mesmo remete automaticamente à ideia do *eu*. O *eu* é, portanto, o elemento estruturante do pensamento. O que nos parece, de um modo geral, uma obviedade metodológica epistêmica atualmente, foi considerada uma revolução moderna em grande parte atribuída à obra do filósofo francês René Descartes (1596-1650).

verdade – como é o caso do autor deste livro -, os *fatos* ou *conjuntos de relações*, aos quais o conteúdo de uma proposição pode ou não corresponder, agem como "criadores da verdade". Há os que contestam a relação dos objetos, como "criadores da verdade", e a *intenção* do que afirmamos (uma *teoria deflacionária* da verdade, por exemplo, como veremos adiante). Assim, haveria uma separação completa, com junções arbitrária linguísticas nas relações entre a verdade e a nossa intenção de expressá-la, numa proposição.

Seja como for, uma teoria de correspondência da verdade assumirá alguns pressupostos que são essenciais à ideia de que há uma relação real entre o que expressamos acerca dos fatos no mundo, ou seja, no mundo atual, e os fatos em si. Um desses pressupostos é a ideia de que uma proposição possui conteúdo mental verdadeiro, quando corresponde àquilo que intencionalmente afirmamos sobre o mundo. Isto significa que entendemos que podemos ter algum conhecimento sobre algo ou, mais especificamente, termos uma *crença verdadeira* sobre determinado fato no mundo. É claro que nem sempre esta relação estará baseada na estrita objetividade.

Não estar baseada na estrita objetividade *não* significa, contudo, que seja coerente admitirmos o relativismo[15]. Esta

---

15. *Relativismo*: a postura epistemológica que aceita a interpretação da realidade encarada a partir do conceito de *não-absoluto*, ou seja, todo e qualquer fenômeno está condicionado à interpretação do agente do conhecimento. Sua percepção não poderia, segundo o *relativismo*, ser tomada como conclusão do plano geral, senão, no particular. Uma máxima da filosofia é que o filósofo aceita "a força do argumento, não o argumento da força". Contudo, é necessário observar a impossibilidade prática do relativismo, por exemplo, em questões morais. Alguém que confidencia um segredo a uma pessoa, não espera que esta diga a outras por achar "relativo" guardar ou não segredo sobre o que se disse. O relativismo radical se dá em questões

posição admite, em linhas gerais, que uma proposição é verdadeira basicamente porque cremos nela. Atrela-se, no mais das vezes, às questões sócio-culturais, linguísticas e cientificistas. O relativismo é um "primo" do ceticismo, os quais, por sua vez, demonstram ter em comum a admissão da subjetividade como parâmetro estruturador da verdade. Obviamente, a ética é uma das áreas onde isto é mais contundentemente visto. As muitas discussões atuais sobre a objetividade dos valores são uma prova de quão profundas podem ser as questões sobre a objetividade da verdade. Se esta se encontra nas proposições e se corresponde a fatos no mundo, objetivamente, então existe verdade objetiva nas ações morais, o que há muito se discute nas questões de ética. Compreendeu, prezado(a) leitor(a), onde queremos chegar?

Assim, uma proposição será verdadeira, somente se corresponder de fato àquilo a que se propõe significar. Mas observe o que estamos afirmando: dissemos que o fato de uma proposição corresponder àquilo a que se propõe significar é *condição necessária* para o estabelecimento da verdade, mas não uma *condição suficiente*. É necessário que ao se dizer: *A grama da parte da frente do Centro de Filosofia da UFPE é verde*, haja uma correspondência entre o que se disse e o que se vê. Mas, isto por si não é suficiente para afirmarmos que estamos transmitindo conhecimento genuíno. A correspondência pode – e deve – relacionar fato e significado para o estabelecimento da verdade. Mas, há mais.

Ilustremos o que queremos dizer com o seguinte exemplo. Imagine que seu relógio parou de funcionar e marque uma determinada hora: 14:20. Agora, imagine que você não percebeu que ele parou e, ao vê-lo, você o visualize mostrando 14:20.

---

mais específicas, sobre condições de possibilidade para a construção do conhecimento. Em termos práticos, o *relativismo* praticamente não é mais defendido como posição viável.

Contudo, o momento em que você olhou para o relógio foi, coincidentemente 14:20, o que o fez acreditar que ele está mostrando bem as horas. Você se vale do que acredita ser a melhor forma de ver as horas, e tem esse pré-requisito satisfeito (porque você olhou o relógio no exato instante que ele marcava as horas correspondentes do dia). A pergunta é a seguinte: se a *crença* foi *verdadeira* – o fato de você crer que o relógio está mostrando as horas certas e que, naquele momento, ele realmente está -, houve conhecimento? Veja que, se alguém soubesse que o relógio está quebrado e o dissesse, a situação mudaria de figura.

Com isso, quero demonstrar que a crença sempre tem de ser alicerçada em uma proposição, cuja correspondência se relacione com os fatos no mundo. Mas, o simples fato de *crer* e posteriormente de termos uma parâmetro de verdade, ainda que momentânea, não se constituem em condições suficientes para o estabelecimento do conhecimento: no caso, o meu aparentemente correto conhecimento acerca das horas estaria fundamentalmente errado! É necessário, portanto, algo que *justifique* o conhecimento e que, por fim, sirva como um elemento que sinalize se o que julgamos conhecer é de fato conhecimento genuíno.

CONHECIMENTO: CRENÇA VERDADEIRA *JUSTIFICADA* (?)

Vimos que uma *crença* pode se revelar *verdadeira* e, ainda assim, não se constituir em conhecimento. O passo lógico seguinte é, de fato, um modelo de *justificação* da verdade, ou seja, boas razões para que reconheçamos que o que entendemos ser verdade é, de fato, uma justa correspondência com o fato no mundo. A justificação pode uma fundamentação correta, além de mera intuição, uma sensação ou até um chute certeiro, como no caso do relógio. E o que ela se revelar, será fundamental para validar ou não uma crença verdadeira.

Lembre do caso do pajé daquela tribo inóspita, sobre a qual falamos momentos atrás. Se você fosse um dos antropólogos da expedição que estava estudando a tribo e, de repente, ficasse doente, e o pajé lhe preceituasse uma combinação de extratos de ervas, dado o elevado número de acertos que ele teria, por seu conhecimento empírico, você poderia estar inclinado a aceitar o remédio. Contudo, sabendo das implicações farmacológicas das ervas, estudadas por aquele outro membro da equipe, que também é farmacólogo, e estando ciente de que ele concorda que aquela mistura de ervas pode ser eficiente para seu problema, você teria uma melhor *justificação* para a ideia de que aquele remédio caseiro lhe seria eficiente.

Deste modo, resta-nos a pergunta: *o que é necessário para uma correta justificação?* Há, atualmente, algumas categorias e subcategorias de respostas, cujas discussões ultrapassam e muito o escopo do presente livro. Nos deteremos na apresentação de linhas de pensamento mais conhecidas acerca da justificação da verdade e que perfilam hoje entre os principais contributos dos epistemólogos quanto às teorias sobre o conhecimento. Primeiramente, observemos que a justificação, como quaisquer outros juízos, pode ter uma construção meramente empírica (como em "a grama é verde") e uma construção *a priori* (como em "o homem é homem"). Note-se que precisamos de *razões* específicas, que funcionam em esferas distintas, que nos servirão de justificação convincente ou não para a formulação do que entenderemos ser conhecimento.

Há epistemólogos que falam em *graus de justificação*, enquanto há outros que defendem que a justificação precisa ser final, restrita, sem quaisquer possibilidades de ambiguidades para, enfim, servir-nos de conhecimento. Observe, contudo, que se atrelarmos a justificação à inductilidade (ausência de qualquer possibilidade de dúvidas), várias áreas de nossa existência comum incorrerão no nebuloso pensamento do ceticismo, ou, em outras palavras, na defesa da impossibilidade de que possamos, naquelas áreas, obtermos conhecimentos objetivos. Isto é um problema sério quando saímos da esfera da analítica, cuja lógica formal tende a existir livre de ambiguidades. Mas, há uma gama enorme de outras áreas em que o pensamento formal analítico (o das *ciências exatas*, por exemplo) não cabe. Imagine, então, áreas como o Direito ou a Moral, cujas asserções e premissas giram em torno do *razoável*, do *preferível*, do *verossímil*. Estas áreas ser-nos-iam inacessíveis, como *lugares* em que pudéssemos afirmar termos algum conhecimento genuíno.

Observe a formulação do seguinte argumento:

Para que haja conhecimento, é necessário que:

- *Um agente A acredite que p (p – é uma proposição qualquer).*

- *É necessário que p se mostre verdadeira (uma relação correspondente com o mundo).*

- *É necessário que p seja devidamente fundamentada (o estabelecimento de uma relação de justificação entre p e o que se apreende de p).*

Outro modo de expor o que se disse é o seguinte:

Conhecimento existe se e somente se houver uma crença clara quanto a um fato no mundo, uma relação correspondente entre esta crença e o que acontece no mundo e é critério devido de fundamentação, que justifique aquela relação entre quem crê e o que se crê.

Vamos analisar três propostas para a justificação epistêmica: o *coerentismo*, o *fundacionalismo* e o *confiabilismo*. As duas primeiras são chamadas de "teorias internalistas", pois todos os meios para a obtenção da justificação de determinadas crenças estão ao alcance do agente conhecedor (que, no exemplo que demos, corresponde a "A"). A terceira é chamada de "teoria externalista" pois alguns dos pontos justificatórios estão além do alcance do agente conhecedor.

COERENTISMO

Como o nome sugere, o *coerentismo* é uma forma de justificação de nossa estrutura de crenças que se baseia na ideia de que tal estrutura existe de forma *coerente*, ou seja, para que uma crença seja verdade, ela deve ser coerente com outras crenças justificadas. Antes de mais nada, é importante destacarmos que o *coerentismo* é uma característica importante. De fato, um sistema de crenças incoerente e incoerentemente construído muito dificilmente seria chamado de "conhecimento". Contudo, é necessário perguntarmos se o *coerentismo* é necessário e suficiente para mostrarmos a validade de nossas crenças. Imagine um caso, num tribunal, de alegações conflitantes entre defesa e acusação sobre como se deu determinado fato. Imagine que os discursos de ambas, defesa e acusação, sejam equivalentemente coerentes, pois se estruturam muito bem com as crenças que o júri tem acerca do que lhe foi repassado. Cada um, portanto, com sua versão dos fatos, é aparentemente convincente, pois estrutura seus discursos em ideias coerentes, que culminam numa premissa também coerente. O grande problema é que o réu não pode ser considerado "inocente-culpado". Vê-se que a coerência, por si só, não é suficientemente validadora da correspondência de crenças estabelecidas.

O chamado modo eurístico, ou socrático, que buscava chegar através do diálogo especulativo a conclusões o mais certas possíveis sobre determinado assunto, é um modo *negativo* de se estabelecer algo sobre o conhecimento, pois seu alcance consiste em revelar o pseudoconhecimento. Contudo, não podemos nos restringir a modelos negativos do conhecimento. Avançando, portanto, em uma concepção *positiva*, os coerentistas, desde o filósofo Baruch Espinosa (1632-1677), entendem que nosso conhecimento resulta de crenças que se baseiam em outras crenças, e estas em outras *ad infinitum*. Se surgem novas crenças, estas devem estar imbrincadas, encaixadas de tal modo que se harmonizem à totalidade cognitiva que rege nossa concepção de mundo ou à forma como pretendemos conhecer o mundo.

Imagine que surge a concepção, de algum modo, de que podemos analisar partículas que viagem mais rápido do que a velocidade da luz. O que é, até então, uma impossibilidade física teórica desde a Relatividade de Einstein, pode, por algum teorema, ser não apenas pressuposto na ciência como talvez observado e quem sabe construído em um experimento. Toda esta revolução na Física dar-se-ia pelo entrelaçamento da proposição "é possível que partículas viajem mais *rápido do que a velocidade da luz*" com outras proposições, ou outras crenças, que já estejam de algum modo estabelecidas no campo da física teórica. Não é possível, de acordo com os coerentistas, que ideias prescindam de crenças estabelecidas, nesta teia de crenças linear que, de alguma forma, corresponderiam à verdade dos fatos no mundo. Tal sistema seria circular, haja vista que as crenças precisam, como dissemos, ser apoiadas por outras crenças. Para os coerentistas, a circularidade em si não é um problema, desde que os círculos de crenças sejam suficientemente abrangentes.

O coerentista não aceita a ideia de que o conhecimento se baseie em crenças *não-doxásticas*, ou seja, em algo que independa de outras crenças. Não há o que chamaríamos de crenças fundantes, posto que, para os coerentistas, *todo* o conhecimento é oriundo da correspondência do sistema de crenças, que se interconectam em uma rede que se completa. Em outras palavras, não há parte sem o todo. O grande problema do coerentismo é, de fato, justificar apenas o sistema de crenças, pois essa ideia se contrapõe a exemplos que nos são claros. A ideia de "eu", por exemplo, é algo que surge na racionalidade *a priori*. De fato, não precisamos de quaisquer outras crenças para inferirmos a ideia do "eu" e, em termos práticos, poucas pessoas não admitiriam que o conhecimento do "eu" é de fato conhecimento.

Com algo tão contraintuitivo, coerentistas advogam a ideia de que crenças de inferência *a priori* – como a consciência do "eu" e perceptuais, como uma sensação imediata de calor - podem afetar o agente do conhecimento de modo involuntário, mas isso não determinaria como essas crenças são e se são justificadas. A justificação não ocorrere necessariamente, segundo a concepção coerentista, de forma causal entre crenças e crenças. A justificação se dá pela correlação entre o sistema de crenças estabelecido e as novas asserções ou juízos que se harmonizam, numa relação de interdependência, criando uma rede holística que ajuda a estruturar o que entendemos ou julgamos conhecer acerca da realidade. Pelo fato de defender que crenças só podem ser justificadas por outras crenças e que as razões para se perfilhar uma crença são exclusivamente outras crenças, a teoria coerentista da justificação é normalmente chamada de *doxástica*.

Uma crítica, ao meu ver irrefutável, a este sistema de crenças inter-jutificáveis é o fato de que o *coerentismo* tem de admitir que há a possibilidade de se ter uma justificação epistêmica para aceitar uma proposição empírica, que pode até ser incompatível com todo o sistema de crenças. Por exemplo: caberia uma crença, baseada numa proposição, que pudesse por em xeque todo o sistema de crenças aceito? Se se aceita, por exemplo, uma crença menos firmemente corroborada, o que impede que se pergunte: *por que uma determinada crença é "fraca", dentro do sistema de crenças, se não há nada fora do sistema que a corrobore ou invalide?* A pergunta é proposital: suscita a ideia de que, ao menos, há crenças que parecem surgir ou advir de percepções imediatas ou raciocínios formais *a priori*. O simples fato de ver parece ilustrar o que dissemos: não preciso de algo que endosse, em momento algum, o fato de que o que vejo é fruto direto de minha capacidade de ver.

Não preciso contrapor o que vejo, no momento em que vejo, com nenhuma outra crença, para saber que vejo. Ao ver, apenas *sei* que vejo. Já nos é conhecido o questionamento co-erentista sobre a justificação do que imagino saber (i.e., quais as garantias epistêmicas que justifiquem o conhecimento de que vejo). Contudo, quando algo se põe de modo tão contrário àquilo que nos é real, na realidade comum, falta-lhe certa coerência. Parece que o *coerentismo* acerta, por um lado, por trazer-nos a sofisticada ideia de um sistema holístico de crenças, no qual muito do que surge como conhecimento é fruto de uma interdependência tautológica destas crenças preexistentes. Contudo, erra por outro lado, uma vez que foge sem muitas explicações de processos naturais e imediatamente intuitivos, dos quais, se abríssemos mão, não teríamos como ou porquê estruturar coisa alguma epistemologicamente.

FUNDACIONALISMO

Como o nome sugere, o *fundacionalismo* admite que uma forma de justificarmos nosso conhecimento se dá pela aceitação de um fundamento. O *fundacionalismo* defende, portanto, a existência de núcleos proposicionais *não-doxásticos*. Há mais de um sistema fundacional, mas existem duas principais variantes. O modo *clássico* e o *moderado*; este, mais recente. Independentemente da visão fundacionalista, de um modo geral afirma-se que existem fundações epistêmicas que prescindem de identificação inferencial. Por exemplo: proposições que não precisam ser verificadas, mas têm seu conteúdo ressaltado no imediato momento em que são proferidas, as proposições que contêm verdades lógicas e os nossos próprios estados psíquicos (mentais), como sentir calor, frio, ver, gostar, não gostar, etc.

Na versão clássica, o *fundacionalismo* pressupõe crenças verdadeiras infalíveis, e, consequentemente, absolutamente corretas. As crenças que advém dessas outras, fundamentais, originariam-se por dedução, linearmente, como uma conclusão advinda das premissas de um argumento logicamente válido. Efetivamente, a grande questão aqui é o que se denominou de "crenças infalíveis". Ao que tudo indica, parece-nos haver crenças fundamentais que não são necessariamente indubitáveis e, portanto, infalíveis. De fato, analisando-se o conceito de *fundamento* mais acuradamente, pode-se dizer que:

O fundamento de uma crença é um indicador da verdade desta crença.

Logo, o fundamento não *causa*, necessariamente, a crença, mas é um princípio epistemológico. Ele justifica, no mínimo, a *plausibilidade* de uma crença, ou ao menos a sua utilidade. Neste aspecto, alguns confundem a justificação epistêmica com causa efetiva ou mesmo linguística (pragmática). É importante ressaltarmos isso, pois a justificação para atos morais racionais advém, grosso modo, de uma ideia do "bem". O que é o "bem"? Poder-se-ia dizer que o bem é o que está no ápice do que se é entendido como *bom, justo, direito, preferível, verdadeiro*. Os teólogos cristãos numa perspectiva mais tomista[16] dirão que o

---

16. Tomás de Aquino (1225-1274) foi um filósofo, teólogo e padre dominicano do século XIII, no ápice da *escolástica* medieval, e um dos mais importantes pensadores da Idade Média. Aliou o pensamento clássico grego, principalmente aristotélico, às principais questões teológicas e filosóficas de seu tempo. Não foi tanto o caso de "helenizar o cristianismo", mas, como dizem alguns, de "cristianizar Aristóteles". ARAÚJO, André Ferreira de. A Existência e A Essência de Deus na Filosofia de Tomás de Aquino. [201-], disponível em:

"bem" (impessoal) é Deus (pessoal), por exemplo, em que o ser de Deus praticamente se confunde com seus atributos. Deus seria "o bem" maior, ou sumo bem, e tudo o que entendemos por benigno o é relativo àquilo que Deus é.

Esta ideia representa bem o pensamento *fundacionalista* clássico, pois Deus seria o fundamento (epistêmico) de todo o bem, uma vez que só haveria sentido em falar de benignidade ou malignidade, em relação a uma escala, com base em Deus; do contrário, não poderíamos comparar moralmente os atos entre si. Garret DeWeese e J. P. Moreland fizeram uma explanação interessante para entendermos as diferenças principais entre o *coerentismo* e o *fundacionalismo* a fim de, posteriormente, lançarmos um olhar ainda mais acentuado sobre a ideia de fundamento:

> Deixem-nos especificar nosso uso de dois termos familiares para diferenciar dois tipos de fundamentos. Vamos usar o termo *evidência* para nos referirmos a fundamentos *não-doxásticos* e *razões* para nos referirmos a fundamentos *doxásticos*. Parece ser um exemplo natural, visto que na linguagem comum *evidência* geralmente tem uma conotação de algo físico ou externo ao investigador, que indica algo mais; ao passo que *razão* tem uma conotação de algum tipo de conceito inferencial que é interno à cognição do investigador. Portanto, diremos que crenças apropriadamente básicas têm evidência como fundamento e crenças não--básicas têm razões como fundamento. No caso de -crenças não-básicas, a relação das razões com aquelas é relativamente direta. A inferência de uma crença (possivelmente) verdadeira fornece razões para outra

---

http://www.ambito-juridico.com.br/site/?n_link=revista_artigos_ leitura&artigo_id=14784&revista_caderno=15. Acesso em 20 maio 2018. Vd.: OLIVA, Alberto. **Teoria do Conhecimento**. Coleção Filosofia Passo a Passo. São Paulo: ZAHAR, 2011, p. 22-25.

crença, e se aquela crença é justificada e a inferência é válida, então, esta crença também é justificada. (...) A natureza da evidência, no entanto, e sua relação com crenças apropriadamente básicas é mais complicada.[17]

Muitas categorias podem ser boas candidatas a proposições fundacionais. Observe, por exemplo, um estado mental. Se alguém diz que *odeia*, não posso – e ninguém pode – dizer que a pessoa de fato *não odeia*. É óbvio que há discussões psicológicas e filosóficas sobre a origem, certeza, causa e implicações dos estados mentais. Mas, grosso modo, os estados mentais são crenças apropriadamente básicas, as quais não se pode contestar. Embora mais controversas, as crenças a partir de experiências perceptíveis também são consideradas crenças fundacionais.

Como se sabe, é necessário o cuidado para que não se confunda a *crença de que se vê*, por exemplo, com a *crença no que se vê*. A questão, aqui, é que não se pode duvidar de que creio que vejo algo, como um avião. O fato de que se estou ou não vendo um avião é uma outra coisa. Por fim, temos a crença que é autoevidente. Por exemplo, temos as categorias matemáticas ($7 + 5 = 12$, como gostava Kant de exemplificar) e da lógica (exemplo: *todo homem de Deus é homem* ou *toda a cor tem extensão* – proposições que prescindem ou não da experiência).

O *fundacionalismo moderado* parece, neste aspecto, realmente mais moderado. Isso significa aceitar um horizonte cognitivo mais abrangente. Pergunto: *para que o fundacionalismo seja verdadeiro, necessariamente todas as crenças oriundas da percepção ou da memória, por exemplo, têm de ser verdadeiras?* Para respondermos, analisemos: crenças apropriadamente básicas oriundas de nossas lembranças não são, obviamente, comple-

---

17. DEWEESE, Garret J. MORELAND, J. P. **Filosofia Concisa**. São Paulo: Vida Nova, 2011, p. 67-68.

tamente confiáveis. Nosso estado, mental e físico, pode interferir naquilo de que nos apropriamos, perceptivelmente, e nos pregar peças. Toda a "guinada epistemológica" da modernidade começa com as dúvidas sobre as quais trata o filósofo René Descartes, em suas *Meditações Metafísicas*, no século XVII. Ali, ele põe em cheque a memória, lembrando-nos de que há eventos que nos "lembramos", os quais não sabemos, realmente, se estávamos dormindo – e, portanto, foram imaginados -, ou se estávamos acordados e, portanto, foram vivenciados. Isso põe completamente em cheque a nossa confiança absoluta nos nossos sentidos.

Mas, não podemos abdicar totalmente desta confiança. Tenho que acreditar que olho, agora, a tela do computador, no qual escrevo estas linhas, pois se não cresse assim e, por conseguinte, não soubesse de verdade que escrevo estas linhas, não haveria sentido algum em continuar a escrevê-las (posto que não saberia se realmente as estava escrevendo!). De modo que há crenças perceptuais que justificam o conhecimento de outras crenças nas quais se baseiam. Da mesma forma acontece com a nossa memória. Lembro-me de ter começado a escrever estas linhas, há um tempo. Preciso crer nesta memória para poder continuar a escrever, pois, do contrário, também não faria o menor sentido continuar a escrever. Assim seguimos com o curso de nossas vidas, crendo em nossas memórias e sentidos, mas sabendo que algumas crenças percpetuais, i.e., oriundas de outras experiências, podem não ser confiáveis. Se olho um objeto muito alto, e não distingo imediatamente o que vejo, posso estar confundindo um pássaro com um avião, e vice-versa.

Quanto às crenças oriundas do pensamento lógico não-formal, por exemplo, é necessário que discorramos um pouco. A *lógica não-formal* é a da argumentação, ao contrário da formal, que classicamente é associada à demonstração (como nas *ciências exatas*). A lógica não-formal, por não ter o poder de coerção epistêmica da formal, desenvolveu-se nas áreas das *humanidades*. Nas *ciências humanas*, a argumentação é fundamentada em crenças, que por sua vez são base de outras crenças. Pode-se dizer que um *coerentismo* linear faz-se presente, principalmente porque os desdobramentos do que se debate não têm suas fronteiras totalmente claras.

Na matemática não se discutem inferências lógicas demonstradas. Contudo, no Direito, na Filosofia, na Religião, na Política, na Sociologia, na Antropologia, enfim, nas áreas que conhecemos hoje como *humanidades*, muito do que se debate (e se infere) provém de crenças fundantes ou núcleos proposicionais não-doxásticos. Estes se confundem, historicamente, com o que buscamos quando raciocinamos sobre *o justo, o inteligível, o que existe, o oportuno, o cultural, o que é relativo ao Homem*. Por exemplo: Deus seria o princípio fundante para o *bem* e tudo o que lhe é próprio. Ora, se o *bem* se confunde com o *justo*, no sentido de que este não teria qualquer sentido epistêmico sem aquele, então Deus poderia explicar o porquê de haver a benignidade ou até mesmo a relação entre o que é benigno e o que não é. De fato, parece-nos que o conhecimento surge a partir de núcleos não-doxásticos que, por sua vez, se desenvolvem em redes de inter-relações, as quais – principalmente em áreas como Direito, Estética e Ética -, formam círculos em que se constroem os conhecimentos que formam as sociedades.

Observe como é difícil caracterizar *o belo*. Se existe – e muitos creem que sim! -, o *belo* é algo que, a princípio, estaria absolutamente envolto em uma teia de definições, sob determinados círculos epistêmicos, cujas crenças seriam coerentes umas com as outras. Digo assim pois, para muitas pessoas, o *belo* é algo essencialmente arbitrário, cultural, pontual. É indubitável que a volatilidade do conceito não nos permite descartar a lógica em redes ou uma linha ininterrupta de crenças, em cujo emaranhado poderíamos inferir o conceito de belo. Assim, alguém poderia dizer que o *coerentismo* é verdadeiro e o *fundacionalismo*, falso. Como o *coerentismo* associa-se melhor à forma como se tenta, atualmente, reduzir o conhecimento a aspectos eminentemente culturais, tornando-o em última análise *relativo*, o *coerentismo* parece uma forma de justificar o conhecimento mais adequada para os padrões epistêmicos atuais.

Mas, observemos melhor a questão. Crenças que não precisam de fundamentos não-doxasticos e existem sob um viés exclusivamente relativista tendem a parecer muito mais *opinião* do que *conhecimento*. Este é, como temos tentado mostrar neste capítulo, um conjunto formal de de três elementos, ao menos: a *crença, a verdade e a justificação*. Observe as frases:

A chuva é bela.

A chuva não é bela.

Qual das frases é a correta? Por que não há como dizer? Porque ambas expressam opinião, e isto é mais do que se pode exigir das pessoas. É verdade que creem que a chuva é bela ou que não é, creem de verdade nestes sentimentos. Subjetivamente, seu sentimento pode ser verdadeiro. Mas, proposicionalmente, teríamos que fazer uma correspondência entre o que dizem e o mundo: esta correspondência deparar-se-ia com a impossibilidade natural de se verificar o que se diz e o fato no mundo, que no caso é mais do que simplesmente estar lá, molhar as casas, precipitar-se e, depois, parar. Começamos a perceber que, a não ser em termos poéticos, tentar descobrir se há ou não beleza na chuva é o mesmo que tentar descobrir qual o formato real do número "1".

CONFIABILISMO

Confiabilismo é uma teoria que defende que uma crença pode ser devidamente justificada e, portanto, considerada conhecimento, quando for derivada de um método confiável. Assim as fontes das crenças são responsáveis pela justificação das mesmas crenças, de modo que estas fontes conduzem **à** verdade. Pode ocorrer que uma crença seja formada por um processo confiável, ainda que o agente não saiba dos fatores que dão confiabilidade à crença. Daí seu caráter externalista.

Outrossim, pode-se utilizar a palavra "confiável" sob alguns vieses. O primeiro poderia ser no sentido do termo exemplificar um **método apropriado.** Um método que fosse rigoroso o suficiente para que, uma vez seguido, pudesse transmitir segurança quanto àquilo que produzisse. Um método confiável de conhecimento não garantiria, com 100% de certeza, a veracidade de um processo, caso ele não pudesse ser devidamente testado. Mas, quais seriam as garantias de seu limite? Outra opção seria reputar o método como confiável apenas no instante da formação da crença e assim excluiria as reclamações feitas acima. Mas a questão que se coloca é: Quão genuíno seria um método que vale apenas para um caso particular?

Alvin Goldman (1938) desenvolveu uma tese confiabilista, que viria a ser o ramo do viés externalista de justificação mais conhecido da epistemologia atual. A seguir, seu exemplo: Imaginemos que Celeste está dirigindo pelo interior e sem saber ela entra no condado dos celeiros falsos, um condado em que a grande maioria dos celeiros é apenas uma fachada que simula perfeitamente um celeiro, como nos cenários hollywoodianos, sem poder servir como um. Para cada 999 celeiros falsos, há, contudo, um celeiro real que Celeste por acaso se encontra de estar olhando logo após ter entrado no condado dos celeiros falsos. Ela o vê (em boas condições de percepção) e acredita que tem diante de si um belo exemplar de celeiro real. Sua crença é verdadeira, mas, diz Goldman "se o objeto fosse um fac-símile, [Celeste] o teria confundido com um celeiro" (1976, p. 773).

Observe que as razões para se justificar a crença do Celeste, no exemplo de Goldman, lhe são *externas*. Aqui, é necessário que expliquemos ambos os vieses dos modos como os epistemólogos entendem que o conhecimento se dá: o *internalismo* e o *externalismo*.

RAZÕES QUE JUSTIFICAM A CRENÇA

INTERNALISMO

O *internalismo* é a corrente de pensamento epistêmico que defende que o agente do conhecimento é consciente dos fatores que justificam determinada crença. Existem algumas propostas de *internalismo* epistêmico. Suponha que S é um agente do conhecimento qualquer e p é qualquer proposição. Temos:

S justifica sua crença em p se S é consciente dos justificadores de p.

A questão aqui é que o que vem a justificar p, seja p o que for, deve ser cognitivamente acessível a S. Por não estarmos sempre cientes dos processos que justificam nossas crenças, podemos admitir uma versão um pouco mais "fraca" do *internalismo*, que seria:

S justifica sua crença em p se S pode vir a ser consciente, por reflexão, dos fatores que justificam p.

De fato, parece que nos lembramos ao menos de parte dos fatores que justificam nossas crenças. Essencialmente, precisamos ter algum conhecimento do que justifica nossas crenças, posto que, do contrário, a crença seria injustificada. Tais justificadores seriam itens mentais, uma vez que não há realmente nada que possa significar outra coisa, quando se diz *"por reflexão"*. Conhecer os processos de justificação de uma crença pode ser, na verdade, uma tentativa de se regressar ao infinito. Explico: se S tem uma justificação para p, é crer que q (por exemplo), pois p viria de q. Mas, quais seriam os justificadores de q? Seria necessário crer que t. E para se justificar t? Se este é o processo, o regresso é *ad infinitum*.

Alguns pensam que a questão é resolvida com a ideia de que se uma pessoa sabe de algo, então ela sabe (ou *pensa que sabe*) o que constitui o conhecimento: ela *sabe que sabe*. Assim, ela responderia à pergunta *"como você conhecesse isto?"*, mostrando razões sobre nas quais sua crença se baseia. Em suma, o *internalismo* foca na percepção interior dos processos que nos levam à justificação de determinada crença, ou em outras palavras, na formulação, ao menos parcial, dos processos que justificam nossas crenças e, portanto, o que julgamos conhecer. Observe como o apóstolo Paulo, na Bíblia, fala sobre Cristo, como *objeto de sua fé*:

> *"Por cuja causa padeço também isto, mas não me envergonho; porque eu* **sei em quem tenho crido**, *e estou certo de que é poderoso para guardar o meu depósito até àquele dia"*, 2 Tm. 2:12.

Apesar de que, no texto, a questão é *da fé*, o fato é que o ap. Paulo demonstra resoluto e inabalável conhecimento sobre saber em quem ele crê. Em outras palavras, a sua fé não estava baseada apenas em crer, mas *saber* em quem crê. É óbvio, como dissemos, que os processos mentais nem sempre nos estão totalmente claros, e assim, acessíveis. A crítica mais radical a esta corrente admite que o conhecimento não pode ser valorado apenas por fatores internos, uma vez que esses estariam presos numa trama circular ou infinita. Daí a importância espistemológica de princípios fundantes, ou proposições não-doxásticas.

Mas, a questão permanece: os fatores de justificação da crença são internos, ou seja, referentes aos processos cognitivos do agente do conhecimento? Tem ele consciência dos mesmos? Parece difícil, a princípio, pensar que pode haver algum sistema de justificação de crenças que simplesmente prescinda da necessidade do agente do conhecimento conferir se aquilo em que se crê é ou não conhecimento verdadeiro. O *internalismo* advoga uma ideia que nos parece mais correta: a justificação epistêmica não deve ser separada da tomada racional de decisões.

A convicção da explicação racional, contudo, vai muito além do que mero passo de fé sem razão. Com isto, refiro-me à (falsa) ideia de que quem defende como mais coerente o *internalismo* é subjetivista, no sentido de ser menos criterioso que o externalista. A grande questão é a dissociação epistêmica – completa – entre o que nós, como agentes do conhecimento, cremos e, por conseguinte, pelo que agimos, o que quase sempre não nos parece separado de nossas próprias asserções cognitivas.

EXTERNALISMO

A tese do *externalismo* pode ser colocada da seguinte maneira:

Em alguns casos, S sabe que p, mesmo que S não se torne necessariamente consciente de p por mera reflexão dos seus justificadores essenciais, os quais seriam, portanto, externos a S.

O *externalismo* defende que há justificadores de uma proposição, os quais existem sem, necessariamente, a consciência de suas relações por parte do agente do conhecimento. É a concepção segundo a qual o que justifica S na crença de p talvez não seja algo a que S tem acesso cognitivo. Talvez os fatos, ou o que é o caso, no mundo sejam como S acredita que sejam e realmente o levem a acreditar que são assim pelo estímulo adequado de seus receptores sensórios. *S* não precisa estar ciente de que é desse modo que sua crença se formou. Assim, *S* poderia ter sua crença em *p* justificada, sem necessariamente saber os processos lógico-causais exatos à justificação.

Imagine dois amigos, a quem vamos chamar de *S* e *T*. *T* diz a *S* que comprou um lote, numa área ainda não construída, e que irá morar lá dentro de 1 mês. *T*, de fato, compra o terreno e vai construir, pois precisava e queria morar naquele local. Contudo, em seu lote, é necessário cavar mais, para obter um bom poço. Neste ínterim, *T* aluga uma casa, construída antes da sua, em um lote vizinho e se muda para lá, até o poço em seu lote terminar de ser feito. Cerca de um mês depois da conversa entre os amigos, *S* passa de carro pelo local, vê uma casa e *crê que S está morando naquela casa*. Quando está passando, *S* vê *T* saindo da casa e fazendo-lhe um sinal, como se estivesse satisfeito. Observe: *S* crê que *T* está morando naquela casa – e está -, pois ele havia dito que moraria ali, há um mês.

A crença de *S* é justificada pelo testemunho de *T*, de que moraria ali, e era verdadeira, pois de fato *T* estava morando ali. Observe que, para o externalista, não importam os processos que levam ao conhecimento de *S*, que, naquele momento mostrou-se verdadeiro, mas não exatamente pelo que *S* imaginava. Mas, efetivamente, pode-se dizer que a crença de *S* é *verdadeira e justificada*? Bem, os processos de justificação, segundo o *externalismo* são alheios ao agente do conhecimento, *S*. A justificação da crença de *S*, como vimos, são externos a *S*, que firma sua crença no processo testemunhal de *T*. Contudo, penso que permanece ainda o problema da *verdade*. Para o externalista, a verdade parece, às vezes, mais como efeito dos processos de justificação do que uma das causas do mesmo.

Para Alvin Plantinga, filósofo calvinista e externalista,

há uma diferença entre a justificação e garantia de um conhecimento. A garantia seria um conceito externalista, enquanto a justificação seria internalista. No externalismo de Plantinga – assim como o *externalismo* de um modo geral -, o processo de formação do conhecimento deve se desenvolver de forma apropriada, estando o agente do conhecimento ciente do mesmo ou não. Plantinga e outros pensadores imaginaram o conceito externalista de *garantia*: o agente do conhecimento precisa estar ciente de que as razões de sua crença em algo, que seja o caso no mundo, baseiem-se em razões ou evidências que tornem sua crença (ao menos provavelmente) verdadeira. O posicionamento de Plantinga e de outros adeptos desta forma de *externalismo*, na maioria teólogos calvinistas, tornou-se comumente conhecida como **epistemologia reformada**.

As principais controvérsias quanto ao *externalismo/internalismo* e, agora, a *epistemologia reformada*, no que concerne à metafísica religiosa, circunscrevem a crença em Deus. Parece-nos que a maior parte dos epistemólogos reformados (calvinistas) defendem que a crença em Deus é *apropriadamente básica*. Esta tese, contudo, parece construída para coadunar-se à asserção calvinista do *senso divino*. Advogam que textos como o de Romanos 1:18-19 servem de base para o *senso divino*. Voltaremos a falar sobre este tema posteriormente, no capítulo que aborda a *filosofia da religião*.

Apologistas clássicos, i.e., os que defendem a crença em Deus a partir do que diz a Escritura e da evidência racional, por outro lado, defendem que o conhecimento de Deus não é imediato, mas *mediato*, ou seja, mediante fatos que se constatam e que podem ser *a priori* e *a posteriori*. Um argumento que se baseia apenas na racionalidade humana, o *Ontológico*, é um exemplo de raciocínio *a priori*, que por sua vez não implica que a crença em Deus também o seja, uma vez que uma crença *apropriadamente básica* se dá com um conhecimento direto, ou sem quaisquer intermediações. Em suma, parece que é mais correto, em relação à crença na existência de Deus, assumirmos que é possível saber que ele existe até prescindindo-se da experiência – por exemplo, através do *argumento ontológico* da existência de Deus, que é *a priori* -, mas não por causa de uma "crença fundamental". Nada na filosofia parece suportar este conceito.

capítulo 3

ANTROPOLOGIA FILOSÓFICA
– *O que é o Homem?*

A pergunta que abre este capítulo é pequena, mas suas implicações são muito, muito abrangentes. Aristóteles definiu o Homem como um "animal racional" (do gr., "ζοον λογικον", "zoon logikon"). E, a despeito do que pensem alguns naturalistas, a racionalidade humana é um fator distintivo em nós, humanos, como espécie. Mas, isto levanta outras questões, tais quais: o que é a razão humana? De que é feito nosso pensamento? Temos vontade própria (arbítrio)? Em que divergimos – se é que divergimos – de *computadores melhorados*? Observe, portanto, que os desdobramentos de se perguntar sobre o que é o Homem avançam por inúmeras áreas, da biologia à filosofia.

Normalmente, quando nos referimos à constituição do Homem, acostumamo-nos a certo *dualismo de substâncias*. Entende-se que o Homem é composto de uma *substância material*, o corpo, e uma *substância imaterial*, a alma, a psique, e/ou o espírito. Tradicionalmente, os cristãos sempre defenderam a dualidade de substâncias, admitindo a existência de uma alma espiritual e o corpo. Sendo, portanto, um composto, o ser humano não é uma coisa só, como pensam os *fisicalistas*. Para estes, o Homem é um sistema físico, com estados mentais que emergem exclusivamente de suas características físicas. Tais estados seriam de natureza *psicofísica*.

Com efeito, muitos supõem que a neurociência sepultou a ideia da dualidade de substâncias, "demonstrando" que a mente humana – que seria o equivalente à alma – pode ser reduzida ao cérebro. A princípio, alguém realmente pode pensar que não há como haver uma mente sem um cérebro. Sua relação intrínseca sugere interdependência e, como o objeto físico, o cérebro sustenta a mente. A grande questão, contudo, é: mas, ele a forma? Um outro ponto é que a interdependência não sugere necessariamente que uma coisa seja *idêntica* à outra. Imagine um software e um hardware, como um programa de computador e um computador. Obviamente, não podemos confundi-los como se fossem uma coisa só.

No Antigo Testamento bíblico, há dois termos principais que se referem ao elemento imaterial do Homem: *ruach* e *nefesh*. Estes termos são normalmente traduzidos por *espírito* e *alma*, respectivamente. A dualidade sugere a possibilidade de separação, o que, desde o Antigo Testamento, inúmeras passagens bíblicas também indicam. Um exemplo clássico é o do livro de Ezequiel, cap. 37. Os "seres viventes" descritos no texto, seres humanos incontáveis, tornaram-se vivos após o sopro do "espírito" ("ruach"), dando-lhes a vida específica dos seres humanos, assim como a Bíblia descreve a formação do homem (Gênesis 2:7. Vd. também Ec. 12:7). No Novo Testamento, encontramos várias passagens que mostram a presença do elemento imaterial, inclusive separada do material ou físico, i.e., o corpo: Mt. 10:28, 22:23-33, Mc. 8:36, Lc. 11:24, 23:42-43, At. 7:59, 17:16, 1 Ts. 5:23, Hb. 4:12, 10:39, Tg. 5:20, 1 Pe. 1:9. Estes são alguns exemplos do entendimento cristão da existência independente do elemento imaterial que compõe o homem. A seguir, aprofundar-nos-emos na investigação sobre a *natureza da consciência* e o *dualismo*.

A NATUREZA DA CONSCIÊNCIA

De que é feita a consciência? Se for apenas fruto de fenômenos físico-químicos do cérebro, como explicar essa interioridade, ou seja, a capacidade de se refletir e deliberar sobre si mesma? Estudos recentes[18] mostram que talvez não devêssemos falar de "consciência", como se a mesma existisse em um único nível, mesmo que numa perspectiva naturalista. Ao invés disso, o mais apropriado seria referirmo-nos a "níveis de consciência", pois os estados mentais entre alguém que está desperto e outro sonolento mudarão.

A *sensação* é um estado básico, fundamental da consciência. Sentir dor é obviamente subjetivo e, atualmente, o estudo da *sensação* está presente da filosofia à neurociência. É possível que consigamos desvendar como é sentir a sensação do outro? Parece-nos, ainda hoje, impossível conhecermos uma *outra mente*, pois o acesso de cada indivíduo à sua própria mente é privilegiado. Ainda assim, padronizamos as formas como obteremos uma descrição o mais definida possível para estarmos conscientes de que interagimos com outras mentes e que não estamos criando toda a realidade à nossa volta, como numa gigantesca *Matrix*.

Um conteúdo mental básico que temos é o *pensamento*. Um *pensamento* não se processa exclusivamente, mas é influenciado por outras capacidades cognitivas que os seres humanos

---

18. PEREIRA JR. Alfredo. Uma Abordagem Naturalista da Consciência Humana. **Trans/Form/Ação**, Marília (SP), v. 26, n. 2, 2008. Disponível em: http://www.scielo.br/scielo.php?script=sci_arttext&pid=S0101-31732003000200006.

têm. Tradicionalmente, um *pensamento* é um conteúdo mental. Filósofos da linguagem defendem que o conteúdo de um pensamento pode ser expresso em uma proposição ou frase. Esta, por sua vez, pode implicar outros pensamentos. Pensamentos podem ser – e frequentemente são – evidências ou bases para outros pensamentos.

A linguagem é fruto do pensamento. Pesquisadores, neurocientistas e filósofos têm discutido a questão ao longo da História, tentando esclarecer a relação pensamento-linguagem. Segundo o pesquisador russo Lev Vygotsky (1896-1934), pioneiro na relação entre o desenvolvimento intelectual das crianças e suas interações sociais, todo o indivíduo apresenta uma história que retrata as suas experiências marcantes, mais ou menos incisivamente. Tal história pessoal termina por representar o desenvolvimento histórico-social do ser humano, o que permite a estruturação do pensamento e aprendizagem, o que o(a) definirá no meio em que está inserido e nas relações que vier a desenvolver.

O meio também é um espaço de aprendizagem, no qual decorrem os processos de comunicação com todos os elementos que nos rodeiam e que, ao menos a partir de uma perspectiva filosófica e psicológica, auxiliam na formação do que e de como pensamos. Logo, podemos imaginar que a linguagem e o meio onde nos desenvolvemos, com todas as suas nuances, são elementos cruciais para a modelação da nossa mente e, consequentemente, para a forma como usamos a própria linguagem, pois é através desta que virtualmente aprendemos a pensar.

Estados mentais que forjam a consciência encontram-se no centro de acalorados debates entre *fisicalistas* e os *dualistas de substância e propriedade*. Para os *fisicalistas*, estados mentais são fruto de processos biofísicos. Conhecimentos novos, que por sua vez produzem novos estados mentais de certa forma, para os *fisicalistas*, expressam no máximo uma dualidade de conhecimento, mas nada que se atrele àquilo que é conhecido como uma dualidade de fatos conhecidos. Um exemplo que talvez possa trazer alguma luz sobre a natureza dos estados mentais que formam a consciência é o do robô.

Imagine um robô com inteligência artificial. Todas as suas ações são baseadas em sistemas de *entrada-saída*, O programa do robô pode informar que algo como *esperança*, ou *prazer*, ou ainda a *fé*, em seres humanos, se dá por determinadas expressões que, se pré-programadas, podem constituir um leque de ações que o robô é capaz de emular com perfeição. Mas observe que os sentimentos, em si, são funções através das quais o corpo produz ações que acabam por serem correlatas. É normal, ao menos para a grande maioria das pessoas, sorrir ao acharem algo engraçado. O sorriso traz consigo ações corporais que acabam por serem associadas àquilo que temos por engraçado. Uma dessas ações é "mostrar os dentes", por exemplo. Observe que, se devidamente alimentado com as informações certas, sob as diversas circunstâncias que podem envolver uma "situação engraçada", um robô aparenta demonstrar "consciência", sorrindo em algumas dessas situações.

Porém, é um equívoco pensar que os robôs têm estados mentais genuínos. Sua inteligência artificial funciona mediante uma série de correlações de *inputs-outputs*. As operações que um *software* de computador faz, as quais permitem o funcionamento de um determinado robô não são *sensações, crenças* ou *pensamentos* reais. A grande diferença aqui é que naqueles não há *intencionalidade*. Esta característica, fundamental à consciência, é algo exclusivo dos seres racionais. É exatamente por isso que, em um sentido estrito, entende-se que apenas os seres humanos têm consciência, uma vez que suas sensações e pensamentos são *intencionais* e, portanto, reais.

INTENCIONALIDADE, LINGUAGEM E O DUALISMO DE SUBSTÂNCIA

A *intencionalidade* é um termo que, quanto à filosofia da mente, ascende até os tempos medievais. Originalmente, uma subcategoria dentro da filosofia medieval para definir o estatuto da consciência, qualificada por *estar dirigida para algo*, ou de *ser acerca de algo*, possuída pela maior parte dos nossos estados conscientes. O termo foi mais tarde usado pelo filósofo da fenomenologia, Edmund Husserl (1859-1938), que defendeu que a consciência é sempre intencional. A *intencionalidade* distingue a propriedade do fenômeno mental: ser necessariamente dirigido para um objeto, seja real ou imaginário. É basicamente neste sentido, e a partir da fenomenologia de Husserl, que este termo é usado na filosofia contemporânea[19].

Contudo, o termo foi primeiramente resgatado na modernidade e trabalhado pelo filósofo e psicólogo Franz Herrmann Brentano (1838-1917), que deixou uma obra volumosa relativa à psicologia e filosofia da mente. Empirista nos moldes aristotélicos, Brentano definiu a Psicologia como "a ciência dos fenômenos psíquicos", que pode ser um sinônimo para a "consciência". Atos e processos psíquicos foram seu objeto de estudo. Os mesmos, segundo Brentano, são o que são por sempre se referirem a um objeto ou a um outro conteúdo da consciência, através de mecanismos mentais. Isto explicaria porque uma pessoa tem uma *sensação* de calor ou de azul, uma *crença* sobre religião ou um *pensamento* sobre uma profissão.

Brentano assim definiu a *intencionalidade*:

> Todo fenômeno mental é caracterizado por aquilo que os escolásticos da Idade Média chamaram a exis-

---

19. BLACKBURN, Simon. **Dicionário de Filosofia**. Lisboa: Gadiva, 1997.

tência intencional (ou mental) de um objeto, e aquilo que podemos chamar, ainda que de forma não completamente não-ambígua, referência a um *conteúdo de direção*, no sentido *de-para* um objeto (que não deve aqui ser entendido como querendo dizer uma coisa), ou objetividade imanente. Todo o fenômeno mental inclui algo em si como objeto, embora nem todos o façam da mesma maneira. Na representação algo é representado, no juízo algo é afirmado ou negado, no amor amado, no ódio odiado, no desejo desejado, e assim por diante. Esta "inexistência" é uma característica exclusiva dos fenômenos mentais. Nenhum fenômeno físico exibe nada parecido. Poderíamos, portanto, definir os fenômenos mentais, dizendo que eles são aqueles fenômenos que contêm um objeto intencionalmente dentro de si[20].

A grande questão em toda a controvérsia sobre *fenômenos mentais* que comporiam a *consciência* é: 1) se o "eu" e a consciência são imateriais (dualismo de propriedade); e 2) se há uma diferença entre o cérebro (coisa física) e a mente ou consciência (dualismo de substância). Uma dor pode suscitar fenômenos físicos (variações elétricas no cérebro, por exemplo, bem como efeitos no corpo) e fenômenos mentais (como a própria consciência da dor). A grande questão é como e se se pode comprovar a diferença entre mente e cérebro, como substâncias com propriedades distintas.

Realmente, é implausível o discurso que defende a ideia de que o meu *eu* é idêntico ao meu corpo, ou mais especificamente, ao meu cérebro. Defende-se, atualmente, a ideia de que fetos anencéfalos deveriam ser abortados, pelo simples fato de que, em última análise, não seriam humanos, ao menos no sen-

---

20. BRENTANO, Franz C. H. H. **Psychology from an Empirical Standpoint**. Londres: Routledge, 1995, p. 88-89.

tido estrito. Como a maioria dos anencéfalos morre cerca de 48 horas após o nascimento, vários juristas os consideram, *a priori*, "natimortos", ou seja, pré-cadáveres[21]. A discussão sobre anencéfalos, porém, é apenas um desdobramento natural de um debate mais extenso sobre a própria natureza dos fetos, da consciência e do que é o Homem.

Três filósofos conhecidos, Michael Tooley, Peter Singer e John Harris defendem, com alguma variação em seus posicionamentos, a ideia de que um feto *não é* uma pessoa, ainda. Segundo esses filósofos, um feto é uma pessoa em potencial, ou seja, não adquiriu o *status* de uma pessoa e, portanto, não pode ser colocado no mesmo nível que uma pessoa. A premissa básica defendida por aqueles filósofos é que um feto não possui consciência de si, o que seria um fator necessário para que alguém fosse declarado uma pessoa. Ora, não sendo uma pessoa, o feto humano não teria, segundo pensam, os mesmos direitos de que gozam os seres humanos, como o mais fundamental de todos: o direito à vida. Observe que, em última análise, todos estes filósofos reduzem a humanidade a aspectos biológicos. Como um feto não teria, como dizem, a consciência do "eu", não poderia ser considerado uma pessoa. Este posicionamento consiste em uma das posições filosóficas que mais provoca acalorados debates em bioética, especialmente a humana.

Para que um feto humano ou um recém-nascido seja considerado menos do que uma pessoa humana, é necessário que se defenda a ideia da consciência como redutível a aspectos cerebrais, que permitam a interação do ser com o mundo que o rodeia. Se isto é verdade, então é verdade também que pessoas que sofrem com delírios esquizofrênicos, bem como as

---

21. Vide o artigo A anencefalia e o princípio da dignidade da pessoa humana no regime neoconstitucional brasileiro, em: http://www.ambito-juridico. com.br/site/index.php?n_link=revista_artigos_leitura&artigo_id=10385.

que estão em coma, não reagindo aos estímulos de interação com o mundo exterior, seriam também *menos* do que pessoas. Contudo, é *possível* concebermos algum experimento mental que ajude a elucidar a questão acerca da relação entre nossas substâncias material e psíquica? Há exemplos através dos quais poderemos ver claramente que a evidência aponta para um efetivo *dualismo de substância e de propriedade*, com a mente irredutível ao cérebro, e que põem em cheque a ideia de que a consciência de algum modo consiste em processos meramente psicofísicos de nosso sistema nervoso.

Digamos que uma pessoa nasce com metade do seu cérebro e que, por algum motivo, ela viva até a fase adulta. Se a consciência é o resultado de processos físico-químicos cerebrais e do sistema nervoso central, então qual o *status* de alguém que surgisse com tal anomalia? "Meia pessoa"? E se nascesse com um quarto (1/4) do cérebro? Seria "um quarto" humano? Obviamente não. Esses experimentos mentais têm por principal objetivo demonstrar a verdade sobre o *eu*; e a evidência, como dissemos, sugere uma substância distinta do *eu* biológico. Exemplos cotidianos nas artes, como os filmes e livros, supõem que, de algum modo, a informação contida na substância imaterial do *eu* de alguém pode ser transferida para um outro corpo ou mesmo para uma máquina. Particularmente, vejo isso como a ratificação da ideia geral do senso comum de que o *eu* imaterial e o biológico são duas coisas essencialmente distintas.

Com efeito, alguns fisicalistas têm apontado soluções peculiares para o problema do dualismo mente-corpo. William Hasker (1935 -   ), distinto professor da Huntington University, elaborou um argumento para seu conceito de mente como uma *alma emergente*, ou uma substância que *emerge* a partir do corpo, sem o qual não poderia viver. Apesar do conceito de *emergência*, para Hasker uma mente não pode ser reduzida ao cérebro, uma vez que o cérebro é um agregado de diferentes partes físicas. Uma das formas de mostrar a cerne do pensamento de Hasker é a ideia de se preceituar a mente como uma unidade, cuja abrangência abarca, por exemplo, tudo o que se vê num campo visual. Para o filósofo, não há, neste caso, como se reduzir a experiência do que se vê com processos meramente cerebrais.

A ideia é que, quando se tem algo em mente a partir do campo visual, se cada parte do cérebro é responsável por construir de alguma forma a imagem que temos em mente – profundidade, cores, ilações cognitivas com outras imagens em nossas memórias, etc. -, então o cérebro apenas não seria capaz de produzir o todo da imagem, que pode ser construída de forma única, ou como um fato no mundo, que no caso é a imagem completa. Outrossim, a unidade do campo visual seria o resultado da composição de uma substância imaterial (mental), única ou singular, que confere à própria imagem, inclusive, todas as ilações que uma imagem pode produzir em nossas mentes. Isto seria simplesmente impossível se a mente fosse redutível ao cérebro.

Roger Trigg, no artigo *The metaphysical self* (*O eu metafísico*), faz uma crítica lúcida às questões mais modernas que tentam por em cheque a dualidade *eu-mundo*. Efetivamente, estão em algumas correntes filosóficas analíticas, relativas à linguagem, as principais ideias contrárias ao dualismo de substância. Referindo-se especificamente a um dos mais influentes filósofos analíticos da linguagem do século XX, Ludwig Wittgenstein (1889-1951), Trigg comenta:

> Na última fase, Wittgenstein estava contra qualquer forma de dualismo e o seu célebre argumento contra a possibilidade de uma linguagem privada simboliza as suas profundas suspeitas em relação ao *ego* consciente como fonte de conhecimento. A sua crença de que linguagem tem de ser pública e social tinha mais

significado quando associada à sua relutância em dar crédito a qualquer noção de pré-linguística. Para ele os pensamentos, até serem expressos em linguagem, não estavam ancorados com suficiente firmeza. A linguagem, de fato, veio a ter uma influência formativa no pensamento, com categorias linguísticas a determinarem a forma como vemos o mundo[22].

O indivíduo, portanto, parece "tornar-se no que é", a partir, não de um fato metafísico, mas de práticas sociais, nas quais cresceu, e da linguagem aprendida. A dissolvição do *self* (*eu*), em grande parte da filosofia analítica da linguagem do século XX, uma das mais vultosas correntes filosóficas da atualidade, se dá pelo fato de que vários filósofos pensam como Wittgenstein, ou seja, que não há relação entre um "*eu* privado / linguagem pública / mundo objetivo, mas apenas linguagem. Esta criaria o *eu* e formataria o mundo. Mas, ao que tudo indica, esta perspectiva contraria a forma como apreendemos o mundo. Não reconhecemos o mundo por "partes", antes de falarmos, mas a experiência revela que nos valemos da linguagem para exprimir, inclusive, as ilações que fazemos no mundo. Ou seja, não apenas para exprimirmos objetivamente o que há no mundo, como relacionarmos o que há no mundo a partir de sensações, impressões e ideias pessoais.

É aqui que o conceito de *identidade* se torna relevante, pois efetivamente, se possuímos uma identidade que se exaure nos processos linguísticos onde supostamente o *eu* se estrutura, pode-se dizer que a metafísica se reduz a meros constructos linguísticos, e não temos acesso a nada como o *eu*, pelo simples fato de que não existe um *eu*, mas relações linguísticas. Com

---

22. TRIGG, Roger. The Metaphysical Self. Religious Studies. Londres: Cambridge University Press, 1988, p. 277-289 in: TALIAFERRO, Charles. GRIFFITHS, Paul J. (org.). **Filosofia das Religiões** – uma antologia. Lisboa: Instituto Piaget, [S.N.], p. 779-781.

efeito, isso tem um efeito devastador para a metafísica, e, mais do que isso, impõe-se uma barreira praticamente intransponível quanto ao conhecimento de si. O relativismo que daí surge redundará, inevitavelmente, num *niilismo* quase nietzschiano, que nos confronta a entendermos que não há, realmente, nada que *seja o caso*, ou em outras palavras, *não há objetividade no mundo*. Além das implicações psico-morais a que esta ideia remete, pode-se destacar o fato de que até o conhecimento é impossível: se o que é o caso é fruto de mero acordo linguístico, ainda que antigo, nada impedirá que um dia se pergunte o porquê de termos de aceitar justamente essa ideia. Infelizmente, a possibilidade da auto-refutação teoria é evidência de um *reductio ad absurdum*.

Consideremos a possibilidade da vida após a morte. Antes de prosseguirmos, é importante frisarmos que é possível determinar a inexistência de algo, dadas as condições de análise. Por exemplo: pode-se determinar se *existem* ou *não existem* fósseis no terreno daquele que escreve estas linhas. Delimito a área, a profundidade em que se vai cavar no terreno – 2 metros, por exemplo -, e faço as análises com os instrumentos de que disponho. Se nada for encontrado, estabelece-se que *não há* fósseis no terreno. Mas, observe que o campo de análise foi delimitado. Desta forma, pode-se provar a inexistência de algo. Todavia, a grande questão aqui é a prova da existência ou da inexistência da vida após a morte.

A análise do exemplo acima é empírica. Por experiências com instrumentos de que dispomos, em uma área que nós podemos ver, uma vez que as condições de possibilidade são organizadas, é possível afirmarmos se existem ou não existem fósseis em determinado terreno. Contudo, na questão colocada, são necessários exemplos análogos e experimentos mentais para que possamos conjecturar melhor a possibilidade ou não da existência de algo como uma mente/alma completamente separada do corpo. De antemão, é plausível imaginarmos que algo como meus dedos e minha vontade sejam diferentes. Sei que meus dedos têm uma composição sensível, enquanto minha vontade não tem esse componente sensível. Ainda assim, um fisicalista poderia objetar esse exemplo, afirmando que minha vontade é o resultado do que meu cérebro produz, restringindo-me ainda e em última análise ao físico.

Porém, como evidência de que sou uma substância diferente do que é meu corpo, podemos falar sobre partes do meu corpo que são retiradas. Se se retiram meus braços, pernas e mesmo partes do cérebro, eu não posso ser um terço ou dois terços de uma pessoa. Se meu cérebro for destruído, posso não mais *pensar* através do corpo. Mas isso não significa dizer que eu não sou mais eu, sem meu cérebro. Alguém sem os olhos não poderá ver, mas ele ou ela não é *menos* do que eu ou você, como pessoa, porque não vê. Ora, o fato de não poder fazer algo através do corpo, não significa que não seja eu mesmo quem deixou de andar por causa de um acidente neurológico, por exemplo. Enfim, não significa que deva ser considerado(a) menos pessoa do que um atleta olímpico de corrida. E se a questão não está no físico, deve estar em outra coisa, completamente diferente, no *metafísico*.

Em 2 Co. 12:1-4, o apóstolo Paulo relata com breves palavras algo que lhe acontecera anos antes, uma experiência que o marcara para sempre. Ele afirma que não sabe, contudo, se sua experiência de êxtase aconteceu *no corpo ou fora do corpo*. Experiências de quase morte parecem também corroborar a ideia de que há algo além do corpo físico, algo imaterial, sem extensão espacial, com consciência, vontade, sentimentos. Apesar da objeção de que não se sabe, caso exista uma interoperabilidade entre alma e corpo, como essa relação se dá, o caso parece ser que a extensão de quem sou é imaterial. Posso separar minhas partes físicas, mas onde termina a saudade, por exemplo, e começa a vontade? Tais potências do meu *eu* não são o que sou? E sem as tais, não poderia dizer que sou o que sou.

O *fisicalismo* alega que todos somos frutos da evolução. A teoria da evolução, se correta, lançaria por terra o *dualismo de substância*. Contudo, para que o *fisicalismo* esteja correto, é necessário admitir que a teoria da evolução está correta, o que é um equívoco. Garret DeWeese e J. P. Moreland assim discorrem:

> Visto que os seres humanos são o resultado de um processo inteiramente físico (os processos da teoria evolução) operando sobre matéria completamente física, então os seres humanos são seres físicos. Algo não pode vir a existir do nada; e se um processo puramente físico é aplicado à matéria completamente física, o resultado será uma coisa totalmente física, mesmo se for um sistema mais complicado de matéria física! Os dualistas poderiam argumentar que essa objeção é uma petição de princípio. Para perceber isso, observe que a objeção pode ser colocada na forma lógica conhecida como *modus ponens* (isto é, se *p*, então *q*; *p*, logo *q*): Se os seres humanos são simplesmente o resultado de processos evolucionistas naturalistas, então o fisicalismo é verdadeiro. Os seres humanos são simplesmente o resultado de processos evolucionistas. Logo, o fisicalismo é verdadeiro[23].

Os fisicalistas apresentaram algumas variações filosóficas para a questão levantada acima, uma vez que claramente se percebe que a defesa da ideia de que os estados mentais são fruto da teoria da evolução, "porque esta é verdadeira", é uma petição de princípio. Uma dessas respostas diz respeito à ideia que advoga que os estados mentais são *idênticos* aos estados físi-

---

23. DEWEESE, G. MORELAND, J. P. **Filosofia Concisa**. São Paulo: Vida Nova, p. 118.

cos. A grande questão aqui é admitir que proposições de identidade seriam estruturadas como *declarações contingenciais*, ou seja, que são verdadeiras/falsas, mas que poderiam ser falsas/verdadeiras, respectivamente. Uma proposição empírica, que define um fato no mundo, poderia ter sido falsa. Logo, em última análise, não haveria qualquer tipo de distinção real entre proposições mentais e tipos físicos, exaurindo-se quaisquer ideias sobre dualismos de substância.

A dor, por exemplo, ou a sensação de dor, é um tipo mental separado do corpo que a sente e a produz (de certa forma), ou não? Parece-nos que sim. As propriedades mentais como a dor são idênticas à forma como se apresentam: uma dor é e se apresenta como tal! A dor não se resume ao processo físico que a causa, mas muito mais à intuição de que é algo diferente, com uma identidade própria, cuja sensação está além do processo físico. Um desdobramento natural, agora, é sabermos se um estado mental como um desejo é ou não puramente livre. Quais as ideias quanto à natureza da racionalidade? Se a racionalidade é o modo através do qual os homens pensam, um determinado estado mental poderia existir completamente independente de circunstâncias físicas ou estaria inelutavelmente atrelado a uma interminável cadeia causal de eventos? Questões que abordaremos no tópico a seguir.

LIBERDADE, DETERMINISMO E A BUSCA POR RESPOSTAS

Imagine que alguém esteja se questionando sobre uma decisão. Após um período, uma decisão é tomada, mas o indivíduo que a tomou não para de pensar no que teria acontecido se tivesse tomado uma decisão diferente. Para os *deterministas*, efetivamente não há uma possibilidade real de que uma decisão que se tomou pudesse ter sido diferente. Inexoravelmente, dada uma cadeia causal de eventos ou a uma determinação divina, por exemplo, deterministas entendem que os atos humanos são condicionados e a ideia de liberdade é simplesmente falsa.

Os que creem na liberdade de ação pensam que a mesma é necessária à ação humana, o que põe essa posição em oposição ao determinismo. A liberdade requer controle sobre a vontade do indivíduo. Ao escolher agir de um modo, determinado agente *poderia* ter escolhido agir de modo diferente, caso quisesse. A ideia de possibilidades reais, para os libertários, é a base de sua convicção em ações nas quais o agente é o próprio *motor* que move (age) de determinado modo, não tendo sido movido por nada. O domínio da ação é do agente.

Para os que se intitulam *compatibilistas*, as ações humanas são meros acontecimentos dentro da infindável rede de relações que, pela natureza da realidade, não poderiam ter sido diferentes. Neste ponto de vista, as ações humanas são acontecimentos que invariavelmente acontecerão, mas que são pontuadas por ações humanas que agiriam livremente em seus próprios contextos. Daí o nome "compatibilismo". Mas o fato é que os compatibilistas rejeitam a ideia de um genuíno estado libertário do homem, pois a agência de determinado agente só seria realmente livre se e somente se uma sequência (quase) infinita de fenômenos, que antecedem a qualquer ação do agente (e.g., toda uma cadeia de eventos que estivesse diretamente ligada a uma determinada ação, como a de votar ou de escolher uma determinada peça de roupa), passasse necessariamente pela vontade do indivíduo. Assim, tentam conciliar uma *livre agência* e uma relação causal de fenômenos. Esta teoria também é chamada de *teoria causal da ação.*

Contudo, olhando-se acuradamente, percebe-se que o compatibilismo falha para aquilo a que se propõe, que é a relação entre liberdade e determinismo. Com efeito, no compatibilismo, em uma série finita de fenômenos relacionados por causa-efeito, os fenômenos intermediários entre o início da série e o fim não são *causas* do que acontece no fim da série, mas meros instrumentos que, ao fim, terão valido como uma ordem causal necessária, como elos de uma corrente que seguram um elo final (o fenômeno final). Imagine um agente S, que escolhe uma determinada peça de roupa. Para S, de acordo com o compatibilismo, a escolha da peça seria uma confluência das ações prévias que o levaram à escolha e seu ato livre de escolher. Contudo, seu ato seria a consequência da sequência de fenômenos que se tornaram necessários à sua escolha, os quais não são outra coisa senão apenas instrumentos para que este ato final (a escolha da peça de roupa) aconteça. Mas, o que garante que este ato final, nesta sequência, também não seja um instrumento para uma sequência não terminada? Se todos os atos predecessores à escolha da peça de roupa por S foram instrumentos necessários àquela escolha, então a própria escolha de S é mais um elo de uma sequência ainda maior, que, em tese, não mais termina.

Há ainda o aspecto racional. Uma ação livre é resultado direto da racionalidade humana. A grande questão é de que modo a racionalidade se aplica às escolhas dos indivíduos ou agentes. Para o que advoga a liberdade libertária, a razão é um objetivo último. O efeito, ou uma determinada ação de um agente S é, em última análise, *em função* de uma "razão" ou de "razões", como que um estado futuro. Para o compatibilista, as razões são, grosso modo, *causas eficientes*, ou seja, meios pelos quais um determinado efeito é produzido. Em um determinado agente S, uma confluência de sentimentos e desejos opera no mesmo, fazendo-o escolher esta ou aquela ação. Esta posição, contudo, defende algo como o agente S sendo ao mesmo tempo responsável e não responsável pelas ações que pratica, uma vez que a volição em si é, ela própria, o resultado de sentimentos e desejos, os quais, por sua vez existem em função de outros fenômenos, sentimentos, desejos, *ad infinitum*. No fim, o compatibilismo não se desenreda da mesma questão.

Em suma, podemos dizer que há duas formas principais de se ver o problema: no viés libertarista ou fatalista (e, numa nuance mais suave, no compatibilista). No *libertarismo*, as ações volitivas são vistas como *causas finais*, ou que ocorrem como um fim. A razão ou objetivo teleológico é o motivo pelo qual um agente S faz alguma coisa. O agente é a *causa eficiente* e não quaisquer forças que o tenham impelido a agir em determinado momento, de determinado modo. A razão não é só o meio pelo qual o agente S age, mas um estado final desejado, como, no caso referido, a escolha de uma peça de roupa. Forças e estados psicológicos não seriam a *causa* das ações dos homens, mas compõem o meio através dos quais os homens agem. Ou seja, o agente S é, de fato, a causa dos atos que pratica.

Dentre os que rejeitam o dualismo de substância – e, consequentemente, tendem a olhar as ações humanas sobre um viés mais determinista ou fatalista num aspecto físico -, estão os *funcionalistas*. Os que advogam esta posição pensam o estado imaterial do homem como um *software*. Os estados mentais seriam como *entradas* (ou *inputs*), com consequentes *saídas* (ou *outputs*) comportamentais. A finalidade funcional de um determinado estado mental seria o papel para o qual o mesmo existe, como algumas expressões faciais estão associadas à tristeza, enquanto outras, com a inclusão do sorriso, estão normalmente associadas à alegria. Para os funcionalistas, um estado mental é produzido pela própria pessoa. A questão, portanto, é: o ato de se ver uma cor, e sua experiência psico-sensorial decorrente, é algo intrínseco? Ou de outro modo, *ver o azul* é algo estrito? Se sim, isto é um poderoso reforço ao dualismo de propriedade. Se não, os fisicalistas teriam a prerrogativa de reduzir as sensações aos estados mentais individuais de cada agente.

Como se percebe – ao meu ver, claramente – na realidade,

determinados estados mentais são compartilhados pelos seres humanos com as mesmas reações (se alegria, normalmente um sorriso; se tristeza, lágrimas), portanto é mais plausível concluir que os tipos de estados mentais se caracterizam por suas qualidades intrínsecas e ocasionalmente por suas relações extrínsecas. Suponha que estejamos tentando estabelecer se há ou não um resultado plausível para a identificação de um determinado estado mental, exclusivamente através da racionalidade. Para o *funcionalismo*, o que torna determinado estado mental aquilo que ele é (classificado) é o complexo de suas relações extrínsecas, através de ações de *input-output*, entre as causas do ambiente, por exemplo, e as consequências dos próprios estados mentais em si. Grosso modo, um determinado agente S não teria como saber exatamente o estado mental que possui em determinado momento *t*, senão por um fator extrínseco à reflexão que o próprio agente faz do estado mental que quer classificar.

Penso que uma teoria que priva um agente racional qualquer de saber com exatidão qual estado mental ele possui em determinado momento é, sem dúvida, um absurdo. Curioso é perceber que alguns que advogam o *funcionalismo* rígido são defensores do determinismo fisicalista.

E QUANTO AO DETERMINISMO TEOLÓGICO?

Se Deus anteviu, então é.

Algumas coisas não *são.*

Logo, Deus não as anteviu.

O raciocínio acima é logicamente válido. Ele se coaduna mais com o pensamento *fatalista*, por isso vamos chama-lo de *argumento determinista*. Mas, serão suas premissas verdadeiras? Parece que as discussões sobre liberdade e determinismo atuais são meras variações do que foi posto há séculos e encontrou eco nas discussões lógico-modais da *escolástica*[24]. As frases acima, em itálico, dariam a tônica da discussão sobre a relação entre liberdade humana ante um ser onisciente, que a tudo vê e prevê. A questão é clara: se Deus anteviu como algo deve ser, então parece haver certo determinismo, uma vez que sendo o homem a causa eficiente de seus atos, como ser inteligente, o que Deus anteviu não precisaria ser *necessariamente*? Mas, se não é *necessariamente*, como Deus antevira? E mais: Se Deus anteviu como todas as coisas seriam, as tais seriam justamente porque Deus as anteviu ou porque Ele decidiu que assim fosse? Se Deus decidiu que assim fosse, não há libertarismo. Se não, Deus não seria soberano.

A questão do determinismo x livre-arbítrio é milenar e, no caso, compete mais pontualmente às discussões teológicas. Porém, suas implicações filosóficas são inegáveis. A grande questão tem sido tentar conciliar a liberdade humana com a onisciência e a soberania divinas, evitando-se problemas como a questão do destino. No *calvinismo*, corrente de pensamento teológico que pega emprestado o nome do reformador protestante francês João Calvino (1509-1564), há um Deus que controla cada aspecto do Universo por um decreto eterno, imutável, no qual estão contidas todas as ações humanas. Este problemático conceito precisa lidar com a questão do Mal, pois, se tudo foi determinado por Deus, o Mal e as ações malignas também foram. No *arminianismo*, cujo nome procede do reformador

---

24. "Escolástica": termo relacionado principalmente à filosofia e teologia cristã no período posterior da Idade Média. Caracterizava-se pela integração do pensamento aristotélico à filosofia e teologia cristãs. Assim, pensadores como Tomás de Aquino (1225-1274) tentariam conciliar fé e razão, uma vez que o ponto fundamental era o de que ambos vinham de Deus.

holandês da segunda geração, Jacob Armínio (1560-1609), Deus conhece todas as ações dos homens e, especificamente em relação à salvação, ele procede mediante sua presciência dos atos humanos. O problema deste conceito é que, grosso modo, Deus decidiria agir conforme o que ele prevê e, assim, o futuro estaria de certo modo causando o passado.

Uma corrente que vem ganhando vulto nos últimos anos na controvérsia determinismo x livre-arbítrio é o *molinismo*, nome emprestado do padre jesuíta espanhol do século XVI, Luis de Molina (1535-1600). No molinismo, o conceito de presciência de Deus é expandido com a sofisticada concepção de Molina sobre os tipos de conhecimentos de Deus. Como ser soberano, Deus tem um conhecimento chamado de *natural*, a partir do qual ele conhece tudo o que é possível sem conhecido. Teria também um conhecimento *livre*, que é precisamente o que conhecimento do que será (em termos cronológicos). Entre ambos os conhecimentos, Deus teria um conhecimento *médio*, que é o conhecimento do que *seria*, ou as possibilidades contra-factuais das ações dos homens.

Nesta concepção, cujos tipos de conhecimentos de Deus não são sequenciais, mas lógicos, Deus atualiza (traz à existência) o mundo onde sua vontade se coadune à liberdade do homem, como num tipo de harmonia (concórdia) eterna. Ora, se nós, mortais e limitados, temos uma ideia do como as coisas *seriam*, existindo um Deus que tudo vê, Ele o saberia muito mais! É claro, então, que as possibilidades (contrafactuais), ou aquilo que *seria*, é uma realidade para Deus e, portanto, se ele as conhece, as previu; se as previu e mesmo assim elas não são (porque não se tornaram realidade), no *argumento determinista* a conclusão é falsa! É falso concluir que *Deus não anteviu algumas possibilidades pelo fato de elas não serem*. Elas podem não ter sido, mas *poderiam* e Deus, sendo Deus, anteviu todas as possibilidades. Estas possibilidades, que para os filósofos são possibilidades lógicas também são conhecidas como *mundos possíveis*. Deus viu todas as possibilidades, mas, mesmo assim, a maioria delas não veio a ser. Apenas uma: a nossa realidade.

As discussões acerca dos desdobramentos filosóficos destas concepções teológicas são interessantes e relacionam-se diretamente com a forma como será percebida a maneira como Deus interage conosco, revelando-nos, inclusive, aspectos de sua natureza. Em cada linha de pensamento, um ponto sobre a natureza de Deus é destacado e tal leitura também revela – e muito – certos aspectos dos próprios movimentos que os defendem. Como a maior parte desta discussão, apesar de muito interessante, ultrapassa o escopo deste livro, a abordaremos mais minuciosamente em um trabalho posterior, dedicado exclusivamente ao tema.

capítulo 4

ÉTICA - *O que é o correto a se fazer?*

Hoje em dia, está em voga a ideia de que "moral é uma questão de opinião". Será? Há tempos que os homens debatem sobre a ética e a moral, tentando estabelecer o que chamamos de *bases objetivas* ou *subjetivas* sobre o tema[25]. Esta é uma questão que efetivamente está no centro do debate sobre ética. Obviamente, os desdobramentos do que se entende por "ético", "moral" ou "imoral", terão a ver diretamente com o modo como se percebem os valores éticos, em cuja órbita giram realmente as discussões dos filósofos. Estes valores são *objetivos* ou *subjetivos*?

Com efeito, é na Modernidade que as maiores críticas aos valores objetivos da ética se dão. O filósofo Arthur Schopenhauer (1788-1860) defendeu a ideia de que a moral não é

---

25. *Objetivo* e *Subjetivo*: o primeiro termo diz respeito ao "objeto"; enquanto o segundo, ao "sujeito". Portanto, quando questionamos sobre *objetividade* ou se algo tem um valor *objetivo*, estamos querendo dizer se há alguma correspondência direta e inequívoca como *objeto*. Esta correspondência normalmente se dá por meios linguísticos. Com o *subjetivo*, relegamos a questão ao nível do *sujeito*, e portanto, a um reducionismo pessoal, particular.

descoberta, mas criada. Contudo, algo necessário, uma vez que é imprescindível para a convivência social. Friedrich Nietzsche (1844-1900) advogou certas "ficções necessárias", de cunho metafísico, embora labutasse por desmascará-las, classificando-as como ele pensou que fossem: "ficções". Entre as tais, está a moral. Neste ponto, Nietzsche foi particularmente crítico da moral cristã, assim como foi crítico da política, ciência e da própria existência do mundo físico.

Para avançarmos na questão e falarmos sobre *sistemas éticos*, é necessário que a abordemos sob uma perspectiva metaética, que procura clarificar o sentido dos termos, a estrutura das teorias éticas e a própria natureza dos valores e práticas morais. Grosso modo, da metaética, pode-se dividir as teorias éticas em *cognitivistas* e *não-cognitivistas*. De modo geral, estas negam valores de verdade – portanto, estes seriam *subjetivos* – em quaisquer casos. Aquelas, por sua vez, afirmam que julgamentos éticos têm valores de verdade *objetivos*. As teorias não-cognitivistas podem ser apresentadas como *emotivistas* e *prescritivistas*, sobre as quais trataremos a seguir. Posteriormente, nos deteremos nas teorias éticas cognitivistas.

EMOTIVISMO

Como você já deve estar imaginando, o *emotivismo* ético advoga a ideia de que o estudo da ética lida com o significado das palavras e que estas nada descrevem no mundo real. Expressões como "certo", "errado", "mau", "bom" equivalem a expressões como "blah", "uau!", "ôba". A partir do que ficou conhecido como *positivismo lógico*[26], o filósofo A. J. Ayer (1910-1989),

---

26. *Positivismo lógico*: uma posição filosófica geral, que também é conhecida como *empirismo lógico* ou *neopositivismo*, desenvolvida por membros do Círculo de Viena com base no pensamento empírico

em seu livro *Language, Truth and Logic* (*Linguagem, Verdade e Lógica*) abordou a questão. Contudo, a popularização da ideia se deu mais acentuadamente por C. L. Stevenson (1908-1979).

De acordo com o *emotivismo*, as palavras não expressam valores objetivos, outrossim, emoções de quem as pronuncia. Em última análise, expressões como "bom" ou "mau", "justo" ou "injusto" seriam tão corretas quanto "blah", "êba", "uau" etc. Uma expressão como "Você *deve* fazer o que é bom" não expressaria outra coisa, senão o desejo do falante para que seu interlocutor cuide dos pais. Não sem motivo que, em inglês, o *emotivismo* é conhecido como "teoria boo-huurrah", uma vez que problemas filosóficos óbvios surgem deste esquema positivista.

Uma das questões que surgem é acerca da impossibilidade quanto a discussões sobre moral e ética. Contudo, como é óbvio, as pessoas têm discussões a todo instante sobre o correto, o justo, o moral, o ético. Particularmente, no Brasil, essas discussões são atualmente tão comuns e emergenciais, que este seja talvez o tema mais falado nos maiores centros de educação e mídia do país. Questões que se desdobram em nossa nação revelam, ainda, outra peculiaridade da necessidade de conversarmos objetivamente sobre valores: o que seria *mais* ou *menos* justo?

No momento em que escrevo estas linhas, acontece uma greve nacional de caminhoneiros, que afeta vários serviços essenciais à população em geral. Contudo, a sociedade está di-

---

tradicional e no desenvolvimento da lógica moderna. O positivismo lógico restringiu o conhecimento à ciência empírica e utilizou o verificacionismo para rejeitar a Metafísica, não como necessariamente falsa, mas desprovida de significado. A importância da ciência levou positivistas lógicos proeminentes a estudarem o método científico e explorarem a lógica da teoria da confirmação científica.

vidida quanto à greve, uma vez que o pleito de reivindicações dos caminhoneiros é justo - a alta carga tributária sobre os combustíveis, a péssima conservação das estradas, etc. -, mas a greve atrapalha demais os serviços de abastecimento de gasolina e gás, causando enormes transtornos e prejuízos para a população em geral. Neste momento, a nação se pergunta: o que é *mais* justo? Seria simplesmente acabar com a greve, compulsoriamente, forçando os caminhoneiros a transportarem as cargas, mesmo que sua pauta não seja atendida, ou continuar com a greve, para que haja uma comoção nacional e o governo retroceda com a sua política de juros? Parece-nos que sem o estabelecimento de um padrão moral objetivo, a discussão sobre os valores das ações a serem tomadas seria inócua, sem sentido.

Se expandirmos a questão e pensarmos sobre eventos com efeitos geopolíticos, parece-nos impossível falar dos mesmos sem a clara concepção acerca dos seus efeitos, por, i.e., se foram bons ou maus. E, com isso, podemos julgar melhor a natureza dos próprios eventos. Ao olharmos o nazismo, como podemos admitir que tal movimento, com sua ideologia distorcida, não é bom ou mau em si? Após as atrocidades que os nazistas cometeram, assim como os comunistas sob Stálin na antiga URSS, é praticamente impossível defendermos que os atos que cometeram, a partir da ideologia que defenderam, não são bons ou maus em si próprios. Por quê? Há algo em nós, um *senso moral* universal que parece nos dizer que determinados atos são maus, enquanto outros são bons.

RELATIVISMO MORAL: *TUDO É RELATIVO?*

O relativismo moral foi difundido no século XX principalmente pelo filósofo australiano J. L. Mackie (1917-1981), o proponente do relativismo filosófico moral, como veio a ser conhecido. Mackie defendeu basicamente dois argumentos distintos, cujo propósito era a comprovação da inexistência de padrões objetivos de moralidade. O primeiro é o "argumento da relatividade". Os valores morais seriam, grosso modo, produzidos pelos aspectos multiculturais do mundo, sendo relativos às expressões culturais dos povos. De fato, para Mackie, os valores morais objetivos, éticos, e os valores não-morais, os estéticos (beleza, feiura), não existem, não fazem parte da "tessitura do mundo". Sua invenção é, todavia, útil para que a sociedade seja regida por normas, que teriam como fim apenas a ordem. Desta forma, alguém que seja monogâmico, o é apenas porque nasceu em uma sociedade monogâmica, construindo os valores que seguirá a partir estritamente do que defende esta sociedade.

O segundo argumento de Mackie é conhecido como "argumento da estranheza". Sabe-se o que é, por exemplo, algo *redondo, vermelho, macio, aquoso*, mas o que seria a *justiça* ou o *bem*? É a partir de analogias similares que Mackie defende a ideia de que estas entidades, caso existissem, seriam *estranhas*. Qual a forma da *justiça*? Dada a "estranheza" do que tais termos significam, Mackie deduz que os tais não existem. São ontologicamente "estranhos". Entende-se aqui que "estranho", para Mackie, é tudo o que não pode, de certa forma, ser mensurado. O vermelho e o redondo podem; o belo, a bondade, não.

Algumas considerações podem ser feitas mediante os argumentos de Mackie. Em primeiro lugar, quanto ao primeiro argumento, o da "relatividade", pode-se dizer que as opiniões sobre determinado assunto não validam ou invalidam o mesmo. Especialistas podem ter opiniões contrárias sobre determinados temas de seu domínio e as mesmas nada terem a ver com a veracidade ou falsidade daqueles temas. Outro contraponto é a aparente falta de conformidade cultural numa mesma cultura. O fato de vivermos em determinada cultura *não implica* que aceitaremos todos os seus preceitos e morreremos sob os tais. Podemos estar sob aspectos culturais, cujos atos se mostram reprováveis até para os maiores defensores daquelas culturas.

Um exemplo recente que se alinha ao que estamos falando é o caso do infanticídio que acontecia, e provavelmente ainda acontece, em pelo menos 13 etnias indígenas no Brasil. Algumas tribos, como as da etnia ianomâmi, matavam recém nascidos que nascessem com graves problemas de saúde. O conhecimento que o grande público teve dessas práticas suscitou um debate nacional, que ainda acontece em várias frentes, principalmente na esfera política e religiosa. Embora antropólogos defendam a não interferência nas práticas indígenas, outros entendem que o infanticídio violava um preceito constitucional básico, o direito à vida, e como essas etnias estão em território nacional, precisam se submeter a este princípio legal. O que queremos chamar à atenção, aqui, é que não podemos esperar que objetividade ou subjetividade do ato de infanticídio, indígena ou não, esteja meramente nas opiniões que são proferidas. A verdade "não está nos olhos de quem vê".

Por fim, ainda em relação ao primeiro argumento de Mackie, pode-se dizer que, a despeito das diferenças culturais entre os povos, valores morais de caráter universal parecem perfilar em todos os códigos de leis existentes. Há, sem dúvida, diferenças quanto a alguns aspectos dos códigos e as leis dos países e seus respectivos povos, mas os princípios que regem estes códigos não são os mesmos? E se são, não seriam objetivos? Como exemplo, citemos a Declaração Universal dos Direitos Humanos. Por que esta declaração é "universal"? Porque foi criada *para ser* universal, ou porque se entendeu que tais direitos humanos *são* necessários e, portanto, invioláveis? Se a resposta é construída sobre valores que na prática são objetivos – e é o que tudo indica -, então o que nos resta é perguntar de onde vem o padrão a partir do qual estabelecemos a Declaração Universal de Direitos dos Homens.

Em relação ao segundo argumento de Mackie, é importante que primeiro definamos o que se quer dizer com "estranho". Se se quer dizer sobre algo que "não seja mensurável", admitimos muitas coisas que não o são e, ainda assim, ninguém discordaria da sua existência, e.g., os elétrons ou o espaço-tem-po. Se a questão partir para a *querela dos universais* (vide capí-tulo 1), então deve-se esclarecer o que é que se quer dizer com os termos aplicados. Quando dizemos que um *círculo* ou o *núme-ro 1* não têm forma (lembre-se de que "1" não é o número em si, mas uma representação do mesmo) estamos dizendo que não podem ser "vistos", mas suas propriedades sim: algo ser *circular* (como uma janela ou um banco) ou uma *existir numa relação numérica* (quatro artigos mais *um* artigo dão cinco artigos).

Destarte, quando falamos da ontologia do *bom* ou do *justo*, referimo-nos a algo como a *ontologia dos números.* O número 1, por exemplo, pode ter um aspecto qualitativo ou quan-titativo. Observe que isto depende da maneira como o predico: "Carlos foi UM dos candidatos que veio" (quantitativo); "Paulo é UM pai em mil" (qualitativo). Mas, observe que também po-demos dizer "UM é o primeiro dos números naturais divisíveis por si mesmos". Neste caso, apesar de não apontarmos para ne-nhum "um", referimo-nos ao número "puro", à ideia em si. Se ela não existisse, nenhum dos primeiros exemplos seria possível. Apesar das predicações ressaltarem aspectos distintos, ambas se atrelam ao número 1 (um), dando-nos a entender que existe algo ao qual se relacionam exemplos de coisas concretas e abstratas.

Podemos fazer uma analogia com o *justo*. Quando dize-mos "Ló era um JUSTO", entendemos predicar algo concreto, a pessoa de Ló. Todavia, quando falamos "O JUSTO é pertinente aos homens que temem a Deus", referimo-nos acerca do *justo* como algo em essência. Portanto, assim como "UM" é "UM", o "JUSTO" é "JUSTO", e tal conceito não pode desembocar em mero nominalismo cultural (ou relativismo ético) pois, estaríamos falando de outras coisas.

Observe que aqui a questão não é simplesmente de semântica ou linguística: um povo pode ter uma nomenclatura completamente diferente para números na-turais, mas se entende-los em essência, não importa o nome que se dê, eles serão a mesma coisa, operarão do mesmo modo, terão as mesmas funções, o *um* será o *um* e assim sucessivamente. No caso do *justo*, não é simplesmente "o que se entende por *justo*" ou "o que se estabelece como *justo*" ou "o que se sente quando dizemos que algo é *justo*", porque desta forma, não estaríamos lidando com o *justo*, mas com *o que entendemos do justo*. Note que, analogamente, uma coisa é lidar com o número natural *um*; outra, completamente diferente, é "com o que se entende do *um*". Em ambos os casos, podem ou não ser a mesma coisa.

DO SUBJETIVISMO AO OBJETIVISMO ÉTICO: REALISMO ÉTICO/MORAL

Os filósofos normalmente classificam o *subjetivismo* e o *objetivismo* éticos como duas nuances do *Cognitivismo Ético*. A ética cognitivista, como o nome sugere, é aquela que se dedica a *sistemas de cognitivismo ético*, ligados a pessoas (subjetivistas) ou aos objetos (objetivistas). O *relativismo individual* ou *cultural* é um sistema cognitivista ético subjetivista. Ambos os tipos de *relativistas éticos* creem que as sentenças éticas possuem algum valor de verdade, mas estas dependem do que as pessoas cre-em, defendem, enfim, pensam. É o compartilhamento de uma crença, na concepção relativista, que lhe dará o *status* de verda-deira, tanto para um indivíduo como um grupo.

A grande questão se encontra efetivamente na gênese do pensamento relativista ético. Friedrich Nietzsche, como pon-tuado, cria que a moral é como uma "ficção necessária" para a manutenção da própria civilização. O problema – e que se constitui um erro -, é pensar que a invenção humana é, necessariamente, algo desprovido de verdades objetivas. Se os valores oriundos da moral são subjetivos, e, portanto, relativos por que são "invenções humanas", então não há valores objetivos em quaisquer invenções humanas. Mas, o cálculo, por exemplo, é uma invenção humana e não prescinde de verdades objetivas para existir, antes as utiliza. É realmente difícil acreditar que algo que é *necessário* seja, ao mesmo tempo, uma *invenção humana* e uma *ficção*. Se admitirmos que uma ficção é *necessária*, então estamos admitindo que a realidade de algumas ideias abstratas é ao mesmo tempo *necessária* e *falsa*, o que é um contrassenso e um problema aparente insolúvel para o relativismo ético.

Outro problema que surge é entender, como defende o relativista ético individual ou cultural, que o que se estabelece como moral *depende* do que se acredita ser moral. Não necessariamente! É verdade que algo que era moralmente aceito pode se estabelecer como imoral ao longo de tempos ou espaços geográficos distintos. Pragmaticamente falando, os relativistas dirão que o que se estabelece como moral ou imoral é o que as pessoas acreditam que são. Mas, se se estabelece que moral ou imoral é o que as pessoas creem que são, então se defende a relatividade moral *porque* já se crê que a moral é relativa, o que é outro absurdo para efeitos argumentativos. Este tipo de confusão conceitual é chamado *petição de princípio (petitio principii)*[27].

As consequências do relativismo moral também podem ser perturbadoras. Imagine o nazismo. Se o que é moral é o que as pessoas pensam ser moral, então o nazismo foi algo moral (não *imoral*), porque as pessoas que o propagaram de fato acreditaram que o nazismo era correto. Assim, quem lutou contra

---

27. *Petitio Principii* ou *Petição de Princípio*: em argumentação, é uma falácia lógica, na qual, dentre as premissas de um argumento, já se encontra a conclusão que se quer demonstrar.

o nazismo, qualquer voz dissidente, era *imoral*, o que obviamente se constitui um absurdo dadas as atrocidades nazistas. Mas, observe que não é porque tais atrocidades o são "para nós, hoje", que classificamos o nazismo como essencialmente mau. Há algo em nós que parece ver movimentos como o nazismo imorais em si mesmos. E se temos boas razões para crermos que ideologias como o nazismo são más, como há outras que se nos parecem inerentemente boas independentemente das crenças ou opiniões humanas, então o relativismo ético e moral não tem sentido.

Pelo contrário, os que acreditam que falsidade ou verdade de proposições ou sentenças sobre moral não dependem da crença dos indivíduos são *objetivistas éticos*. A ética objetivista também é conhecida como *realismo moral*. Este, por sua vez, se relaciona com o *naturalismo ético* ou com o *não naturalismo ético*. Para os *naturalistas éticos*, são as ciências naturais que objetivamente definirão as propriedades morais de sentenças sobre os valores morais, sendo as ciências as grandes validadoras do que vem a ser ou não moral. Teorias do direito natural advém desta percepção, que originou alguns sistemas éticos de grande influência até os nossos dias, como o *utilitarismo*.

UTILITARISMO E DEONTOLOGIA

Alguns filósofos, ao longo da história, definiram a moral a partir do que compreenderam como *direito natural* do ser humano. Talvez, nenhuma outra expressão do *naturalismo ético* seja tão conhecida como o *consequencialismo* ou, como sua principal vertente é popularmente chamada, *utilitarismo*. Os proponentes mais conhecidos dessa corrente são os filósofos britânicos Jeremy Bentham (1748-1832) e John Stuart Mill (1806-1873). Para o utilitarista, a máxima "o maior bem para o maior número possível" é o que efetivamente importa.

Um exemplo clássico utilizado nas aulas de ética mundo afora é o do "parente no leito de morte". Imagine que o tio de alguém, no leito de morte, pede a um sobrinho ou sobrinha que, após sua morte, seu parente o ajude com um desejo: doar 750 mil libras para uma ONG que lida com cultura. Digamos ainda que após a morte daquele tio, o(a) parente queira na verdade doar aquele dinheiro a um hospital infantil que está prestes a fechar as portas, por falta de recursos. Para um utilitarista convicto, que se importa com as *consequências* da atitude que vier a tomar, quais as maiores chances de se obter a felicidade para o maior número possível de pessoas? Seria doar para a ONG cultural ou para o hospital?

Alguns não utilitaristas advogariam que o(a) sobrinho(a) do tio que doou 750 mil libras para uma ONG não deveria ter sequer feito a promessa, já que o cumprimento da promessa seria em função da mudança ou não da realidade que o circunda. Todavia, os utilitaristas responderiam que, ainda que o parente quebrasse a promessa pela questão de um bem a um número maior, ele não estava errado, pois propiciara momentos de alegria e esperança a alguém no leito de morte. Se não tivesse feito a promessa, o(a) parente teria deixado seu tio entristecido e isso seria pior do que proporcionar-lhe paz e convicção sobre algo que lhe era precioso. Observe que, neste ponto, o utilitarismo é pragmático: nada há que se imponha como verdade, por pensarmos por exemplo que é imoral quebrar uma promessa a alguém no leito de morte. A pessoa que morrera nunca descobrirá que houve quebra da promessa e, consequentemente, ela não poderá ficar infeliz.

Vejamos outro exemplo:

Imagine que um bandido se entregue à polícia. O tal fazia parte de um grupo de assaltantes e sequestradores perigosos, os quais há tempos fugiam das autoridades. Surpreendentemente, o bandido em questão se entregou, sem oferecer resistências, e ainda disposto a falar sobre o dinheiro roubado de assaltos anteriores, pelo bando do qual fazia parte. E mais: diria a localização de 3 vítimas de sequestros do grupo, que as usava para extorquir suas famílias. O ato do bandido, contudo, não provinha de remorso, mas de esperteza: ele diria tudo o que sabia à polícia em troca de completa imunidade em processos criminais nos quais o grupo estivesse envolvido. O que deveria ser feito pelas autoridades?

Muitos de nós, em situações como essa, decidiriam pelo acordo com o bandido, prevendo que este seria um benefício maior às vítimas que ainda estavam sob o poder do grupo criminoso, além das muitas vítimas potenciais do bando, no futuro. Observe que este tende a ser o padrão de ação das autoridades públicas, principalmente na política, que agem quase sempre pensando "no bem para a maioria" das pessoas. Não nos esqueçamos de que temos de lidar com questões éticas em quase todo o tempo, e dilemas éticos têm feito parte das vidas dos homens desde sempre. Num nível maior, envolvendo autoridades de grandes centros urbanos, por exemplo, questões similares podem fazer parte praticamente do dia a dia das pessoas responsáveis por tomarem decisões importantes.

Há um filme estadunidense interessante intitulado "Código de Ataque" (2000), na tradução para o mercado brasileiro. Este é uma refilmagem de edições anteriores sobre o mesmo tema. O dilema retratado no filme é o seguinte: em plena Guerra Fria, o exército fica intrigado quando um objeto voador não-identificado surge em seus radares e envia bombardeiros para investigarem. Ao chegarem próximos ao objeto, o identificam como um simples voo comercial, mas acontece uma falha nos computadores dos bombardeiros, que possuem mísseis nucleares, orientando-os a atacarem Moscou. Eles seguem o protocolo e o governo faz de tudo para impedi-los, todavia o inevitável acontece: a capital soviética é atacada e 40.000 pessoas morrem. A URSS está preparada para revidar e o governo americano explica o que aconteceu, solicitando que os soviéticos investiguem, acessando seus computadores. Estes assim fazem e constatam a falha eletrônica. Contudo, como o povo soviético quer uma resposta e uma ação enérgica do governo, este dá aos EUA duas opções para "equilibrar" as coisas: ou o governo estadunidense explodiria uma bomba em uma de suas cidades com 40.000 habitantes ou haveria guerra. O dilema se instaura no decorrer do filme. Mas, se você fosse o presidente dos EUA, o que faria?

É importante frisarmos que o *utilitarismo* possui críticos. Alguns argumentos podem expor melhor as dificuldades deste viés da ética normativa. Uma crítica que se pode fazer é que não temos as variáveis para sabermos se realmente uma ação que se nos *parece* ser a melhor atualmente - pois produzirá imediatamente mais benesses para um grande público -, será também a médio e longo prazo. Suponha que certa decisão precise ser deliberada e dois grupos são rivais quanto às ações a serem tomadas. Um, prefere que se tome a ação *a*. Outro, a *não-a*. A ação *não-a* parece, de um ponto de vista utilitarista, a melhor saída imediata. Ela é aceita. Contudo, variáveis não previstas na ação, que se manifestariam no decorrer da implantação da desta, tornam-se conhecidas e se revelam muito mais prejudiciais a médio prazo, sendo a ação *a*, portanto, a que deveria ter sido tomada. O fato de *não se poder prever* o que é "o melhor para o maior número", ou de classifica-lo empiricamente, sugere que o *utilitarismo* tem sérios problemas.

Uma questão presente nas discussões sobre a ética cristã é saber o que se deve fazer em determinadas situações. Não podemos incorrer no erro de pensar que o Cristianismo admitiu apenas uma "ética prescritivista", grosso modo, típica das religiões. No *prescritivismo*, há apenas ordens e obediência. Não há muito mais: há alguém que manda e todos os que obedecem. Contudo, aliar a ética cristã a mero prescritivismo ético é desconhecer algumas nuances bíblicas. O apóstolo Paulo escreveu: "Todas as coisas me são lícitas, mas nem todas convêm. Todas as coisas me são lícitas, mas eu não me deixarei dominar por nenhuma delas" (1 Coríntios 6:12). Parece-nos que o que está descrito na Bíblia, especialmente nesta passagem do NT, é que há *atos em si* mesmos condenáveis, os quais nós podemos identifica-los pelo que são.

E por falar nisto, adentraremos agora um conceito distinto de ética normativa, intitulado *deontologia*. O termo vem do grego "δεον" ("deon", *dever*). Segundo esta linha, os atos, ao menos em sua maioria, têm valores morais em si mesmos. O cumprimento de uma promessa é moral, enquanto a quebra, imoral. A alternativa ética deontológica se opõe ao *consequencialismo*, cuja maior expressão é o *utilitarismo*. A deontologia se opõe ao *utilitarismo* principalmente, grosso modo, pela noção de que os atos que subjazem à normatividade ética utilitarista podem ser medidos (terem sua *consequência* mensurada) no momento, mas não a longo prazo. Assim, o que parece ser *o melhor para o maior número de pessoas* pode, amanhã, ser exatamente o contrário.

Os objetivas deontologistas defendem a ideia de que um sistema ético racionalmente estruturado não produzirá jamais valores que se colidem. Lembra do exemplo do(a) sobrinho(a) do tio moribundo, que prometera usar o dinheiro que lhe era confiado conforme a vontade do tio? Um deontologista entende que as promessas não devem ser quebradas – do contrário, não seriam promessas -, portanto, o(a) parente não deveria quebrar a promessa feita ao tio. A consequência de uma eventual tragédia que se dê por causa da não destinação daquele dinheiro nada teria a ver com o fato do(a) parente não ter destinado o dinheiro: seriam eventos sem qualquer ligação! Isto porque a responsabilidade do agente moral é fazer o que é *devido*.

Deontologistas normalmente se dividem quanto ao conhecimento de ações morais com valores intrínsecos. Os *racionalistas* creem que é através do uso da razão que se descobre os deveres a se realizar. Já os *intuicionistas* defendem que conhecemos os deveres através da consciência. Parece, contudo, inegável que em algumas ocasiões recorremos à consciência afim de inquirirmos a nós mesmos sobre a natureza dos atos que fazemos e, naquelas, valemo-nos de deduções e induções racionais afim de analisarmos algumas situações. Deontologistas também se dividem em relação à *hierarquia* de ações morais. Em algumas ocasiões, as ações morais parecem se sobrepujar em emergência, o que leva alguns adeptos desta teoria ética a aceitarem a ideia de que, embora tenham teor universal, os deveres morais podem se sobrepujar hierarquicamente, com alguns, em determinados casos, sendo mais necessários do que outros. Se uma mentira, por exemplo, for determinante para salvar vidas, alguns deontologistas defenderão que se deve mentir, pois *salvar vidas é mais necessário do que mentir.*

Immanuel Kant (1742 – 1804), um dos mais importantes filósofos da modernidade, teorizou suas noções de ética deontológica no que chamou de *imperativo categórico*. Talvez a mais conhecida formulação do *imperativo categórico* kantiano seja a que se expõe nos seguintes termos:

Aja de acordo com aquela regra que possa se tornar uma lei universal.

Isto significa, grosso modo, que é necessário olhar a humanidade como um *fim*, e nunca como um *meio* para se conseguir algo. E é importante observar que para um deontologista kantiano, as consequências de uma ação não se relacionam diretamente com o que é devido ou com ações morais que devem ser exercidas categoricamente. Se você cumpre uma promessa com variáveis potencialmente fatais, o dever em si nada terá a ver, pensa o deontologista, com as consequências fatais, uma vez que a ação é moral ou imoral em si e, por isso, não pode ser mensurada consequencialmente,

É óbvio que pode-se observar uma fragilidade também na deontologia. Se o consequencialismo falha por não levar em consideração os atos morais, desprovendo-os de valores intrínsecos, a deontologia falha por desprezar absolutamente as consequências de um ato, além do caráter do agente moral. Tão importante quanto ressaltar este fato é também frisar que não se pode aplicar simplesmente uma teoria moral a uma circunstância, trocando-se a maneira de agir de acordo com o que se parece, no momento, melhor a se fazer. Quem assim age, guia-se não por uma questão de comprometimento moral, mas por um sentimento de autoindulgência. Normalmente, seu objetivo é isentar-se de qualquer responsabilidade moral, fazendo-lhe o que *bem lhe parece* à medida em que os dilemas surgem. E, a esta altura, percebe-se que há pontos frágeis ou no mínimo discutíveis tanto no consequencialismo utilitarista quanto na deontologia.

ÉTICA BASEADA NAS VIRTUDES

Diferentemente das teorias éticas baseadas nos resultados (*consequencialistas*) e as baseadas nas ações (*deontológicas*), a teoria ética baseada nas virtudes enfatiza o caráter do agente moral. O objetivo maior da teoria ética das virtudes (TEDV) é a felicidade, mas não em termos hedonísticos, senão no sentido de se viver com excelência. Aqui, a questão não é simplesmente trabalhar o agente moral afim de que suas ações se tornem hábitos, pois um hábito é simplesmente aquilo que é difícil de ser deixado. Pelo contrário, o agente moral é treinado a buscar a virtude, para que ela se torne facilmente praticada! E a virtude é na TEDV, em última análise, o que é próprio da essência humana, sendo-lhe *essencial*.

Expoentes do pensamento como os filósofos gregos pré-cristãos Sócrates, Platão e principalmente Aristóteles preocuparam-se, no projeto grego de clarificar a essência das coisas (ontologia), com o que seriam a virtudes a serem buscadas. Grosso modo, Aristóteles defenderia a ideia de que a virtude é um equilíbrio lógico entre as vicissitudes da *falta* e do *exagero*. Assim, a covardia seria um vício, um erro, pois é a falta de coragem. Mas esta não é simples temeridade, pois o temeroso é imprudente e normalmente termina se prejudicando. Logo, a *coragem*, que é a virtude que deve ser buscada, não é obviamente *covardia*, como também não é *temeridade*. Por isso, Aristóteles e outros proponentes defensores da ética das virtudes defenderam que o equilíbrio, a prudência (ou coerência) é o mais excelente dos caminhos, sendo ela mesma uma das maiores, senão a maior das virtudes.

Com efeito, as virtudes podem ser separadas em alguns tipos. Há virtudes *intelectuais*, como o apreço pelo conhecimento, pelo labor dos estudos, pela verdade. Há as virtudes que seriam as cardeais: prudência, coragem, justiça e temperança. Sendo a maior delas a prudência. A coragem, como esboçamos acima, seria uma das virtudes *naturais*. Aqui é importante lembrar que as virtudes devem ser desenvolvidas em conjunto. Imagine a intelectualidade: alguém pode ser preguiçoso, intelectualmente falando, mas não será menos vicioso do que um gênio do mal, que se vale de toda a inteligência que possui para prejudicar os outros. A virtude do apreço pelo conhecimento, neste caso, de nada vale.

Em 1958, a filósofa analítica britânica Elizabeth Anscombe (1919-2001) publicou um artigo intitulado "Modern Moral Philosophy" ("Filosofia Moral Moderna") na revista acadêmica Philosophy. Nesse artigo, ela sugere que a filosofia moral moderna está errada porque se baseia na noção incoerente de uma "lei" sem um legislador. A correção moral e os deveres, nos quais os filósofos modernos se concentraram, estariam então ligados a esta noção que, para a filósofa, era absurda. Logo, Anscombe defendeu que devemos deixar de pensar sobre a obrigação, dever e correção moral e regressar à abordagem de Aristóteles. As virtudes deveriam desempenhar uma vez mais o papel central na normatividade ética.

Após a publicação do artigo de Ascombe, vários outros filósofos lançaram-se na tarefa de pensarem a viabilidade de um retorno à ética das virtudes, nos moldes do projeto grego clássico. Antes de tecermos mais algumas considerações sobre a viabilidade deste projeto, vejamos em que exatamente consistiam as virtudes e os vícios, nos moldes aristotélicos. Em linhas gerais, os vícios são uma *carência* ou *excesso* de uma virtude. Vejamos como Aristóteles definiu a virtude como um ponto de equilíbrio, equidistante, entre a falta e o exagero:

> Comecemos, pois, por frisar que está na natureza dessas coisas o serem destruídas pela falta e pelo excesso, como se observa no referente à força e à saúde (pois, a fim de obter alguma luz sobre coisas imperceptíveis, devemos recorrer à evidência das coisas sensíveis). Tanto a deficiência como o excesso de exercício destroem a força; e, da mesma forma, o alimento ou a bebida que ultrapassem determinados limites, tanto para mais como para menos, destroem a saúde ao passo que, sendo tomados nas devidas proporções, a produzem, aumentam e preservam. (...) aquilo que é equidistante de ambos os extremos, e que é um só e o mesmo para todos os homens. (Ética a *Nicômaco*, II, 2, 1104a e II, 6, 1106a).

Já o meio-termo em relação a nós seria "(...)o que não é nem demasiado nem demasiadamente pouco – e este não é um só e o mesmo para todos" (Ética a *Nicômaco*, II, 6, 1106a). Esta distinção é importante, pois o meio-termo não é o mesmo para os homens, que devem segui-lo por causa do princípio moral de que é na busca do equilíbrio que se forja um caráter moral de valor. Todavia, em todas as ocasiões, a *prudência* seria um elemento norteador para a busca das ações corretas, uma vez que já estaria estabelecido na consciência do agente moral, por aprendizado e através de sua escolha voluntária, que a ação a ser tomada com equilíbrio dará ao agente moral a *felicidade*, que é, para Aristóteles, a finalidade de todas as ações dos homens.

Imagine a *liberalidade* em relação às riquezas, por exemplo, como uma virtude. O esquema nos moldes aristotélicos, portanto, seria:

<u>Vício</u> – **Virtude** - <u>Vício</u>

<u>Carência</u> – **Virtude** – <u>Excesso</u> ou:

<u>Avareza</u> – **Liberalidade** – <u>Prodigalidade</u>.

Talvez seja tentador afirmar que as virtudes diferem entre as sociedades. Afinal de contas, o tipo de vida que é possível para um indivíduo dependerá da sociedade na qual vive. A vida de um acadêmico só é possível numa sociedade que tem instituições, como as universidades, que definem e tornam possível o exercício intelectual. O mesmo pode ser dito de um jogador de futebol, um pastor, uma gueixa, um político ou um astronauta. As sociedades fornecem sistemas de valores, instituições e modos de vida no seio dos quais se moldam as vidas dos indivíduos. As características do caráter, que são necessárias para desempenhar estes papéis, diferem, e por isso os traços necessários para viver de forma bem-sucedida diferem também.

Assim, as virtudes serão diferentes. Tendo tudo isto em conta, por que não afirmamos simplesmente que a consideração de determinadas qualidades como virtudes depende das formas de vida criadas e mantidas por determinadas sociedades? A isto poderá contrapor-se a idéia de que há virtudes *necessárias* a todas as pessoas em todas as épocas. Esta era a concepção de

Aristóteles, e provavelmente tinha razão. Aristóteles pensava que, apesar das diferenças, todos nós temos muito em comum. "Podemos observar", afirmava, "quando viajamos para países distantes, os sentimentos de identificação e filiação que ligam cada ser humano a todos os outros seres humanos". Mesmo nas sociedades mais díspares, as pessoas enfrentam os mesmos problemas fundamentais e têm as mesmas necessidades básicas.

As virtudes nos moldes aristotélicos obedecem uma lógica que, para o Estagirita, seria *natural*. No entanto, o filósofo esclarece que não basta a prática de uma ação boa para que o agente seja considerado virtuoso, mais do que isso, é necessário que ele se encontre em certas condições, quais sejam: "(...) em primeiro lugar deve ter conhecimento do que faz; em segundo, deve escolher os atos, e escolhê-los por eles mesmos; e em terceiro, sua ação deve proceder de um caráter firme e imutável" (Ética a *Nicômaco*, II, 4, 1105a). Nesse sentido, coloca-se a *voluntariedade* do ato que está na origem da aquisição da virtude, abrangendo a *escolha*, a *deliberação* e a *intenção*.

- Por *voluntariedade* entende-se a situação em que o homem sabe e deseja o que faz, ao contrário dos atos involuntários, que são marcados pela compulsão ou pela ignorância.

- Por *escolha*, entende-se a capacidade de discernimento no momento da realização do ato, já que mesmo os animais podem realizar atos voluntários, visto que certo apetite pode motivá-los a agir, mas serão incapazes de escolher entre tal ou qual ato.

- Por *deliberação*, entende-se uma operação que precede à escolha, consistindo no exame das possibilidades a partir de um princípio racional.

- Por *intenção*, entende-se a finalidade buscada pelo

agente.

A partir do exposto, pode-se dizer que a *ação moralmente boa*, na TEDV a partir de Aristóteles, é aquela que consiste em (i) um ato voluntário, decorrente da (ii) escolha (iii) deliberada tendo o (iv) bem como intenção. Dentre outras virtudes, Aristóteles considera as seguintes, devotando-lhes uma considerável atenção em Ética a *Nicômaco* (EN)[28]:

- A virtude da coragem (EN, III, 6-9, 1115a – 1117b), que tem como extremo a temeridade; e como falta, a covardia;

- A virtude da temperança (EN, III, 10-11, 1117b – 1119b), que tem como falta a intemperança, não existindo um termo específico para o excesso;

- A virtude da liberalidade (EN, IV, 1, 1119b – 1122a), que tem como extremo a prodigalidade; e por falta, a avareza;

- A virtude da magnificência (EN, IV, 2, 1123a), que tem como extremo a vulgaridade; e como falta a mesquinhez;

- A virtude da justiça (EN, V, 1129a – 1138b), sendo a injustiça tanto excesso quanto falta.

O prof. Leite Jr. assim advoga a ética das virtudes sobre as demais teorias éticas:

> Primeiro, a ética das virtudes é apelativa porque fornece uma descrição atraente da motivação moral. As

---

28. MEDEIROS, João. G. Cirelli. **As Virtudes Éticas em Aristóteles** – A ação moralmente boa, o meio-termo e a justiça. Jul. 2016. Disponível em: https://jus.com.br/artigos/50831/as-virtudes-eticas-em-aristoteles. Acesso em 25 mar.de 2018.

outras teorias parecem deficientes neste campo. Considere-se o seguinte: O leitor está no hospital se recuperando de uma doença prolongada. Está aborrecido e inquieto, e por isso fica encantado quando Smith chega para visitá-lo. Passa um bom bocado à conversa com ele; a sua visita era justamente o tônico de que precisava. Decorrido algum tempo, diz a Smith como a sua visita lhe foi agradável — ele é mesmo um tipo excelente e um bom amigo, para se dar ao trabalho de atravessar a cidade para vir vê-lo. Mas Smith objeta; confessa que está apenas a cumprir o seu dever. A princípio o leitor pensa que ele está só a ser modesto, mas quanto mais falam, mais claro se torna que ele está dizendo a verdade. Não veio visitá-lo porque quis ou por gostar dele, mas apenas por pensar que tem o dever de "fazer o que está certo", e nessa ocasião decidiu que tinha o dever de visitá-lo — talvez por não saber de alguém com mais necessidade de ser animado ou de alguém mais próximo. Este exemplo foi sugerido por Michael Stocker num artigo muito influente surgido no Journal of Philosophy em 1976. Ele comenta que certamente o leitor ficaria muito desiludido ao conhecer a motivação de Smith; a sua visita parece agora, fria e calculista, e perde todo o valor para si. Pensava que ele era seu amigo, mas verifica agora que isso não é verdade. Stocker afirma o seguinte sobre o comportamento de Smith: "Há certamente alguma coisa que falha aqui — uma falha de mérito ou valor moral". É claro que nada há de errado com o que Smith fez. O problema é a sua motivação. Valorizamos a amizade, o amor e o respeito, e queremos que as nossas relações com as outras pessoas sejam baseadas em consideração mútua. Agir movido por um sentido abstrato de dever, ou por um desejo de "fazer o que está certo", não é a mesma coisa. Não desejaríamos viver numa comunidade de pessoas que agissem apenas por tais motivos, nem desejaríamos ser uma dessas pessoas. Logo, prossegue o argumento, as teorias éticas que enfatizam apenas a correção da ação nunca poderão fornecer uma explicação satisfatória da vida moral. Necessitamos para isso de uma teoria que enfatize as qualidades pessoais como a amizade, o amor e a lealdade — por outras palavras, uma teoria das virtudes[29].

Gostaria de concluir este capítulo destacando que, em última análise, nenhuma teoria ética consegue explicar o porquê devemos ser éticos, ou mais especificamente, qual a finalidade de nossas ações morais. Neste aspecto, penso que a ética das virtudes mais se aproxima de uma teoria ética completa. A questão é que, ainda assim, tal teoria não explica a *finalidade* do ato moral, ou simplesmente porque algo é *bom* e preferível à outra ação, que se classifica como *má*. Com efeito, a crença em Deus justificaria o porquê de um padrão moral objetivo ou, ao menos, esse senso moral intrínseco que o Homem demonstra possuir, independentemente de sua cultura. Este, conhecido como *argumento moral*, de todos os argumentos em racionais da existência de Deus, foi o que mais chamou a atenção de Immanuel Kant e faz parte dos temas da filosofia da religião que trabalharemos a seguir.

---

29. LEITE JUNIOR, P. G. da S. Ética das virtudes. Set. 2012. Disponível em: <https://www.trabalhosfeitos.com/ensaios/%C3%89tica-Das-Virtudes/337268.html>. Acesso em 02 de dez. 2017.

capítulo 5

FILOSOFIA DA RELIGIÃO – *O que podemos dizer sobre Deus?*

A atualidade e a importância da filosofia da religião são pontos, hoje, bastante conhecidos. Porém, as pessoas normalmente não sabem que as origens deste ramo da filosofia surgiram no século XVIII, como se expõe:

> A denominação «filosofia da religião» é muito recente. Alguns autores atribuem-na ao kantiano L. H. Jacob, em 1797, enquanto outros apontam como seu autor o jesuíta Sigismund von Storchenau (1731 – 1798), professor de Lógica e de Metafísica na Universidade de Viena que, entre 1773 e 1789, publicou, com esse título, uma obra de doze volumes destinada a mostrar a harmonia entre o pensamento racional e a religião revelada. Ele mesmo se declara «autor da Religions philosophie» (1785)[30].

---

30. PINTO, José Rui da Costa. A Filosofia da Religião: Percurso de Identidade. **Revista Theologica**, Braga, n. 45, fasc. 2, p. 541-555, 2010. Universidade Católica Portuguesa, p. 544.

O esforço da filosofia da religião como *ciência* filosófica aponta para o exercício de se descobrir a própria essência de religião. É importante lembrar, porém, que a *filosofia da religião* não é uma *filosofia religiosa*, nem a *filosofia de uma religião*. Este segmento filosófico, desde sua origem, como exposto acima, visa "mostrar a harmonia entre o pensamento racional e a religião revelada". Portanto, é importante ter em mente que a filosofia da religião é, antes de tudo, um ramo da filosofia e deve atender ao processo filosófico. Sendo assim, na busca pela essência religiosa, a filosofia da religião nos moldes ocidentais se preocupará mais com a questão da racionalidade acerca da existência de Deus e, mais especificamente para um crente religioso, as formas de *como* o ser humano deve se relacionar com Deus.

Curiosamente, quando se fala sobre "fé", geralmente se apontam os modos pelos quais os seres humanos entendem o divino, o transcendente. Contudo, numa asserção, pode-se defini-la como aquela que se relaciona ao modo *como se enxerga o mundo*, ou à *cosmovisão*. O secularismo, inclusive, que por definição é antirreligioso, requer boa dose de fé de quem o admite. Com efeito, dadas as condições não-empíricas que envolvem a questão "Deus existe?", um secularista descrente na existência de Deus precisa, em tese, *crer que Deus não existe*. Vimos que é possível, inclusive, provar a inexistência de algo, dados os parâmetros definidos de mensuração e análise. Como isto não é possível em relação a Deus, por mais que se tenham argumentos fortes contra a sua existência, a crença ou não em nele sempre será uma questão primordial de fé.

Notemos, porém, que também é muito antiga a busca de uma base racional para a religião, nos moldes do que entendemos ser a racionalidade. O apóstolo Paulo, na Carta aos Romanos (12:1), diz: "Rogo-vos, irmãos, pela compaixão de Deus, que apresenteis vossos corpos como sacrifício vivo, santo, agradável a Deus, que é o vosso *culto racional*". De que forma o cristianismo basear-se-ia em um *culto racional*? Se há um *culto racional*, como seria o *irracional*? Pelo que nos é dito acerca da experiência e das falas do apóstolo Paulo, por ele mesmo e por outros, entendemos que o contraste entre um culto racional e um irracional se dá porque, enquanto aquele busca o relacionamento com um Deus transcendente, onipotente (todo-poderoso), onipresente (está em todo lugar), onisciente (sabe todas as coisas), os cultos das religiões pagãs são dirigidos a criaturas, muitas vezes inferiores ao próprio homem.

Observe, prezado(a) leitor(a), que um desdobramento natural disto é o questionamento sobre as *razões* da fé em Deus, uma vez que, se ele existe, é razoável que se apresente argumentos que apontem para esta direção. Portanto, os fatores racionais da crença perfilam como os mais importantes em quaisquer conversas sobre a *possibilidade* ou a *necessidade* da existência de Deus. Para lidarmos com estes argumentos, é necessário que entendamos como os mesmos funcionam, pois, da maneira como os expomos, também exporemos a cosmovisão com a qual mais nos identificamos, além de ser também nosso dever o de promovermos uma análise (acurada) da cosmovisão que divirja da nossa, quanto à crença em Deus. É, portanto, através do estudo comparado dos argumentos acerca da existência de Deus que podemos falar em um panorama que nos esclareça não somente *como* nos identificamos com a crença na existência ou na inexistência divina, mas ainda mais importante, *por que*.

O ARGUMENTO ONTOLÓGICO DA EXISTÊNCIA DE DEUS

O chamado *argumento ontológico* foi elaborado pela primeira vez por Anselmo de Cantuária (ou Canterbury, 1033-

1109), um monge beneditino nascido na Itália, mas conhecido pela cidade inglesa onde se sagrou bispo. Anselmo foi um excelente latinista e, dadas as suas contribuições, que perfilaram como objeto de discussão por todo o período medieval posterior, é considerado como o "pai da escolástica"[31]. Suas obras mais importantes e que tiveram fortíssima influência na filosofia da religião são o *Monologium* e o *Proslogium*. Nestes livros, Anselmo se propõe a buscar respostas dedutivas e evidentes da existência de Deus.

A controvérsia sobre o argumento de Anselmo se dá principalmente porque é um argumento *a priori*, i.e., *que não necessita da experiência* para se chegar a uma conclusão. Assim, Anselmo buscou, prescindindo da experiência, imaginar que pudesse fazer uma ilação lógica e racional entre o *conceito* de Deus e a *necessidade da existência* de Deus. Anselmo imaginou que a existência de Deus pode ser concluída pela mais absoluta *necessidade* (vide capítulo 1) da mesma. Porém, Anselmo faz isto no *Proslogium*. No *Monologium*, escrito primeiro, Anselmo dá efetivamente 4 "provas" da existência de Deus, as quais enumeramos a seguir:

---

31. *Escolástica* – Termo oriundo do latim *scholasticus*, significando *aquele que pertence a uma escola*. Nasce nas escolas monásticas (aprox. séc. X depois de Cristo) e se estende, como forma metodológica de ensino, até fins da Idade Média. É um método crítico, cujas características especulativas tentariam responder as principais questões da fé cristã. Possui um aporte teológico e filosófico, sendo este último a evidência mais próxima do que se pode chamar de "filosofia cristã". No método, analisava-se o pensamento de um autor, por exemplo, trabalhando possíveis contradições, falácias, acertos, o que acontecia – principalmente na literatura – sob a forma de diálogos ou de questões disputadas, em que um determinado autor expunha os pontos fortes e os mais discutíveis de um determinado pensamento, terminando por ratifica-lo ou refutá-lo.

- *I – Prova das coisas boas* – Para que algo seja *bom*, é necessário que tenha adquirido tal bondade de um ser que seja a Bondade absoluta, ou Deus.

- *II – Prova das grandezas* – Esta se relaciona às coisas não físicas, mas qualitativas. Deve haver um ser a partir do qual todas as outras coisas participem, de certa forma. E este ser, absoluto, é Deus.

- *III – Prova dos seres* – Todos os seres surgem a partir de outros seres. Retrocedendo ao princípio, temos de encontrar um ser de onde tudo o mais provém. Este ser é Deus.

- *IV – Prova dos graus de perfeição* – Os seres possuem graus de perfeição distintos. Para que a escala tenha sentido, é necessário um ser no mais alto grau de perfeição, em comparação do qual todas as outras coisas possam ser medidas. Este ser é Deus.

Todavia, é no *Proslogium* que Anselmo busca um argumento definitivo, haja vista que os argumentos trabalhados no *Monologium* eram todos *a posteriori*, ou seja, partiam da experiência. Anselmo buscava um argumento que fosse puramente racional, *a priori*, prescindindo da experiência, pois, para ele, a existência de Deus deveria revelar-se *necessária*, como é necessário pensarmos para podermos, inclusive, duvidar de algo. A existência de Deus deveria ser evidente, pois isto é uma característica do próprio ser de Deus, para Anselmo. Daí o nome, *argumento ontológico*. Não foi Anselmo que nomeou assim, mas Kant, no século XVIII.

Anselmo era intrigado com a passagem do salmo 14:1: "Diz o insensato/tolo em seu coração: ´Não há Deus´". Como acreditava numa supremacia da fé sobre a razão, afirmando que "cria para entender", Anselmo afirma que tanto para crentes quanto para não crentes, Deus é "o ser acima do qual nada de maior pode ser concebido". Outrossim, um ser que existe é *maior* do que um que não existe e, portanto, Deus *deve* existir, porque um ser que existe apenas no pensamento (*in intellectu*) é menor do que um que existe na realidade (*in re*). Desta forma, é inconcebível que Deus não exista. Ele completa: "E, certamente, aquele acima do qual não se pode conceber nada maior não pode existir apenas em relação ao conhecimento. Pois, se existe pelo menos em relação ao conhecimento, pode-se conceber que exista também na realidade, que é maior"[32].

O que Anselmo quer defender é que Deus tem a *existência* como um atributo na realidade. E, se Deus é um ser perfeito, a existência em Deus é um atributo de sua perfeição, como são a onisciência, onipresença e onipotência. À própria época de Anselmo ele foi criticado. Gaunilo (994 – 1083), um monge beneditino francês, criticou a forma do argumento de Anselmo, acusando-o de ser absurdo pois, segundo ele, o argumento defendia a ideia da existência real de *qualquer coisa que fosse pensada perfeita*. O seu contra-exemplo é o da *ilha perfeita*. Segundo Gaunilo, se pensarmos em uma ilha perfeita, ou uma ilha *"mais excelente do que todas as terras"*, tal ilha deveria existir, haja vista que qualquer terra que exista é maior do que aquela ilha, caso ela só exista no pensamento. Inferir a existência real dessa ilha é um absurdo, o que, segundo Gaunilo, invalida o argumento de Anselmo.

O grande problema do exemplo de Gaunilo é que ele parece não ter atentado corretamente para o conceito de Deus. Na verdade, não se está defendendo a existência de todas as coisas possíveis, mas *o ser acima do qual nada de maior pode ser concebido*. É impossível dizermos o que existe ou não existe,

32. SWEEETMAN, Brendan. **Religião**: Conceitos-Chave em Filosofia. São Paulo: Penso, 2013, p. 55.

pois todas as coisas possíveis *podem* ou não existir. Deus é único e, neste sentido, o argumento aplica-se apenas a ele. Não há mais *seres necessários*, apenas aquele que é maior do que todas as coisas e em relação ao qual *nada* maior pode se conceber. Portanto, o *argumento ontológico* não funciona para qualquer ente, senão exclusivamente para um, ou seja, aquele que é maior do que todas as coisas.

Outro importante filósofo que também criticou o *argumento ontológico* foi Immanuel Kant, no século XVIII. Para Kant, a existência não pode ser uma propriedade da coisa, uma vez que ela nada acrescentaria à coisa em si. Brendan Sweetman nos apresenta a crítica kantiana:

> Mas, se a existência só pode ser considerada como uma conotação correspondente de nosso conceito, não seria correto dizer que uma coisa é maior se existe na realidade do que se existe no conhecimento. Só é correto dizer que, se existe na realidade, ela corresponde ao nosso conceito, mas isso não seria suficiente para mostrar que a existência na realidade é uma propriedade do conceito de Deus, porque isso só significa que nada pode ser chamado de Deus a menos que realmente exista. Isto pode ser verdade, mas não provaria que Deus existe. Anselmo não levou a sério a distinção entre coisas e conceitos e, consequentemente, (nessa primeira forma do argumento ontológico) não provou a existência de Deus, segundo Kant[33].

Com efeito, alguns pensadores alegaram que se pode observar uma segunda forma do argumento ontológico de Anselmo, a partir do capítulo 3 do *Proslogium*. Aqui, Anselmo aprofunda a discussão sobre seres *contingentes* e *necessários*. Aqueles são seres que *poderiam não ter sido*; enquanto estes, seres que *têm de ser* ou *existem necessariamente*. E, aqui, está todo o bri-

---

33. SWEEETMAN, Brendan. **Religião**: Conceitos-Chave em Filosofia. São Paulo: Penso, 2013,, pg. 57.

lhantismo da ideia de Anselmo, independentemente de que se concorde ou não com o argumento, pois sua inferência é, no mínimo, curiosa. Este mesmo é o cerne da filosofia: argumentar com coerência, fazer ilações minimamente razoáveis e instigantes e, ainda que não se chegue a uma conclusão formal irrefutável, ao menos nos fazem refletir sobre seus desdobramentos possíveis. E não é à toa que estamos falando sobre o *argumento ontológico* mil anos depois que o mesmo foi formulado!

O que Anselmo propôs é uma questão que, a princípio, revela que, acerca de Deus, não se pode pensar o contrário do que ele propôs. Se "Deus é o ser acerca do qual nada de maior pode ser concebido", então ele é *necessário*, o tem de existir necessariamente, uma vez que ele não pode ser *necessário* não sendo (ou, não existindo). Uma vez que se pense em um *ser necessário*, ele *tem de existir*, do contrário, não é *necessário*. A *necessidade* ontológica de Deus equivale, aqui, à *necessidade* lógica, uma vez que, em última análise, não se pode afirmar nada sobre Deus *assumindo-se* que ele não exista, ou admitindo-se ser possível que ele não exista. Seria um contrassenso. Observe que isso não equivale dizer que *qualquer coisa que imagino como "perfeito" tem de existir*, pois são exemplos distintos.

Uma "ilha perfeita" é assim considerada por alguns de seus aspectos: talvez, sua temperatura; ou pelo fato de ter todos os frutos; ou pela coloração da água ao redor; ou ainda por todos estes fatores juntos! Mas, não há *necessidade* na ilha, em si, uma vez que ela pode vir a ser feita, construída, ainda que custe muito tempo e recursos. Se algo "perfeito", no intelecto, pode vir a ser, há algo que precede sua existência, que é no mínimo a forma na mente de quem a preconcebeu. Mas, no caso do *ser necessário*, esta ideia e absurda. O fato de concebê-la *jamais* pode ser sua causa, mas sempre será a consequência de sua existência! Neste ponto, a *necessidade* ontológica pura aplica-se apenas a um ser, e não a qualquer ser *possível*, contingente ou criado. Pensar em um *ser necessário* é o mesmo que admitir que ele existe. Tal característica – a existência – é intrínseca à natureza de Deus: ele não existe porque *penso* nele, mas penso nele *porque* ele existe! René Descartes[34] desenvolveu ainda

---

34. Como apresentou o prof. Landin, do Depto. de Filosofia e Ciências Sociais da Universidade Federal do Rio de Janeiro: "O núcleo da crítica de S. Tomásao argumento de S. Anselmo consiste em mostrar que no conceito (ou da definição) de Deus pode-se inferir não a existência, mas apenas o conceito da existência de Deus. Ora, a conclusão do argumento de S. Anselmo é a proposição de que é necessário que Deus exista. Mas, se Deus é pensado por meio de um conceito ou de uma definição adequada, pode-se apenas concluir, segundo S. Tomás, que *necessariamente, por meio desse conceito, Deus é pensado como um ente existente*. A expressão "penso", que funciona como um operador que se aplica à expressão "ente existente", não foi eliminada e ocorre ainda na conclusão da prova. De fato, a conclusão do argumento é a proposição é necessário que se Deus e pensado por um conceito adequado, então Deus é pensado por esse conceito como um ente existente, e não é a proposição é necessário *que Deus exista,* como pretende S. Anselmo. A estratégia de Descartes para responder às objeções tomistas é mostrar que a premissa principal do seu argumento não é o conceito (ou a ideia), mas a essência de Deus, o que desqualificaria a objeção tomista. Obviamente, toda a dificuldade do argumento cartesiano consistirá na prova da possibilidade do conhecimento da essência verdadeira de Deus. Ora, em princípio não é problemático admitir como possível o conhecimento da essência de objetos matemáticos, pios, ao contrário dos objetos fictícios, que teriam uma "essência fictícia", isto é uma essência "inventada" pelo pensamento, os objetos matemáticos, embora não existam na natureza, têm propriedades necessárias que, por serem necessárias, não são propriedades que podem ser consideradas "inventadas" pelo pensamento. Assim, através das ideias claras e distintas que representam os objetos matemáticos, parece legítimo inferir o conhecimento da essência verdadeira desses objetos. Se for possível mostrar que sob certos aspectos há uma analogia entre a representação da essência dos objetos matemáticos

mais este conceito, no século XVII, dando um toque pessoal ao *argumento ontológico* da existência de Deus, como um desdobramento natural do que Anselmo escrevera, e respondendo às críticas feitas ao mesmo desde os dias de Tomás de Aquino (século XIII).

À medida em que foi recebendo críticas quanto às suas formulações do *argumento ontológico* da existência de Deus, Descartes produziu "refinamentos", isto é, procurou ser mais específico com os termos, claramente levando seus leitores a perceberem que, na verdade, temos uma associação *necessária* à ideia (conceito) de Deus, não podendo provar a existência de Deus em si. Tais formulações, grosso modo, podem ser expostas:

1. É logicamente necessário afirmar sobre um conceito o que é essencial à sua natureza (e.g. "um triângulo deve ter três lados").

2. Mas a existência é logicamente necessária à natureza.

---

e a representação da essência divina, poder-se-á, então, afirmar que tal como a essência dos objetos matemáticos, a essência divina, representada pela ideia de Deus, não é inventada pelo pensamento; ela seria, portanto, uma essência imutável e verdadeira". FILHO, Raul Landim. Argumento Ontológico: a prova a priori da existência de Deus na filosofia primeira de Descartes. Dez 2000. Disponível em: < http://www.revistas.usp.br/discurso/article/view/38036/40762>. Acesso em Dezembro de 2017. Com efeito, o argumento ontológico da existência de Deus a partir de Descartes não busca o entendimento de Deus a partir do conceito, mas a partir da essência de Deus, o que pode parecer mera intuição. Descartes reconhece em seus escritos que algumas pessoas podem ter uma apreensão direta de Deus, enquanto outras, para estes tipos de assuntos, precisam de uma longa argumentação. O fato é que em termos de *raciocínio lógico*, o argumento de Anselmo é o que ainda suscita os mais calorosos debates.

de um Existente (i.e. Ser) necessário.

3. Portanto, é logicamente necessário afirmar que um Existente necessário existe.

A segunda destas formulações cartesianas pode ser esquematizada da seguinte maneira:

1. Tudo o que percebemos clara e distintamente é verdadeiro.

2. Percebemos clara e distintamente que a existência deve pertencer a um Existente necessário.

3. Então, é verdadeiro que um Existente necessário existe.

A terceira versão (ou segunda reafirmação) do seu argumento pode ser resumida da seguinte maneira:

1. Tudo o que é da essência de algo deve ser afirmado sobre ele.

2. Existência é da essência de um Existente necessário (i.e. Deus).

3. Logo, a existência deve ser afirmada com respeito a Deus.

A existência de Deus não pode ser concebida apenas como possível, pois nesse caso ele não seria um *Existente* necessário. A quarta versão seria como segue:

1. Podemos conceber a existência de Deus. Isso não é contraditório.

2. Logo, a existência de Deus deve ser concebida como mais que possível (ou seja, como real).

Após receber críticas de Pierre Gassendi (1592-1655), Descartes formulou mais uma versão:

1. Existência é uma propriedade no sentido de que é atribuível a uma coisa.

2. Apenas Deus tem existência *necessária*; nenhum outro ser a possui.

3. Não é petição de princípio incluir a existência entre os atributos de um Existente necessário. Na verdade, é necessário fazê-lo.

4. Existência e essência não podem ser separadas num Ser que é necessário.

5. Logo, Deus deve existir[35].

O ARGUMENTO COSMOLÓGICO DA EXISTÊNCIA DE DEUS

G.W.F. Leibniz (1646-1716) escreveu que "a primeira questão que deve ser perguntada é por que existe algo em vez de nada?"[36]. Esta questão parece ter uma força existencial profunda, que tem sido percebida por alguns dos maiores pensadores da humanidade. De acordo com Aristóteles, a filosofia começa com um senso de *assombro* sobre o mundo, e a mais profunda questão que um homem pode fazer, relaciona-se com a origem do universo. Em sua biografia de Ludwig Wittgenstein (1889-1951), o filósofo Norman Malcolm (1911-1990) relata que Wittgenstein disse que algumas vezes ele teve certa experiência que poderia ser mais bem descrita dizendo-se que "quando a tenho,

---

35. GEISLER, Norman. **Enciclopédia Apologética**. São Paulo: Vida Acadêmica, 2002, p. 654-655.

36. LEIBNIZ, G. W. **The Principles of Nature and of Grace, Based on Reason**. New York: Charles Scribner's Sons, 1951, p. 527.

eu fico assombrado com a existência do mundo. Então sou inclinado a usar frases como 'Quão extraordinário é que algo deva existir!'"[37] Por que existe algo em vez de nada? Leibniz respondeu esta questão argumentando que algo existe em vez de nada porque existe um *ser necessário* que carrega consigo sua razão para a existência e é a razão suficiente para a existência de todo ser *contingente*.

Embora Leibniz tenha considerado a inexistência de um ser necessário como impossível logicamente, uma explicação mais modesta da necessidade da existência foi fornecida por John Hick: um ser necessário é um ser eterno, não-causado, indestrutível e incorruptível. Leibniz identificou o *ser necessário* como Deus. Seus críticos, entretanto, contestaram esta identificação, sustentando que o universo material poderia ele mesmo receber o status de um *ser necessário*. "Por que", perguntou Hume (1711-1776), "não poderia o universo material ser o Ente necessário, de acordo com esta pretensa explicação de necessidade?"[38]. Esta tem sido precisamente a posição do ateu. Os ateus não haviam sido convencidos a aceitar a ideia de que o universo veio a existir do nada sem nenhuma razão; ao invés disso, eles consideraram o universo mesmo como um *ser necessário*: o universo é eterno, não-causado, indestrutível e incorruptível. Como Russel claramente colocou, "...O universo está aí, e isto é tudo"[39].

O argumento de Leibniz nos deixaria em um impasse racional, ou existiriam ainda modos de tentarmos desvendar o grande mistério da existência do mundo? Ao que tudo indica,

---

37. MALCOM, Norman. **Ludwig Wittgenstein**: A Memoir. London: Oxford University Press, 1958, p. 70.

38. HUME, David. **Dialogues Concerning Natural Religion,** Indianapolis: Bobbs-Merrill. 1947, p. 190.

39. RUSSELL, Bertrand. COPPLESTON, F. C. **The Existence of God.** New York: Macmillan & Co., 1964, p. 175.

a resposta à segunda parte da pergunta parece ser "sim" e, antes de qualquer coisa, é importante lembrarmos que algo será eterno se e somente se for necessário. Ora, se o universo não é *necessário*, então não é eterno. Se se demonstrar que o universo não é eterno, então não será necessário e, neste ponto, encerram-se as discussões sobre o fato deste ser criado ou não. Este parecer ser um modo razoável de discutir a indagação de Hume sobre o universo ser, e não Deus, o Ente necessário.

Pensadores medievais judeus e muçulmanos produziram um argumento que possui extrema relevância filosófica, dada a abrangência e sofisticação do raciocínio. Posteriormente, tal argumento circulou entre os cristãos latinos que observaram no mesmo as raízes dos esforços dos patrísticos, no início da era cristã, em responderem a já conhecida questão dos gregos quanto à eternidade material do universo. Desta forma, o argumento tem raízes históricas com pensadores judeus, muçulmanos e cristãos, e cujas ideias circulam em vários meios acadêmicos, obtendo simpatizantes e partidários principalmente entre físicos e, posteriormente, filósofos da religião.

William Lane Craig, filósofo e ardoroso defensor deste argumento, o denominou *kalam*, e pode ser demonstrado como se segue:

1. Tudo que começa a existir tem uma causa para sua existência.

2. O universo começou a existir.

2.1. Argumento baseado na impossibilidade de um infinito real.

2.11. Um infinito real não pode existir.

2.12. Um regresso temporal infinito de eventos é um infinito real.

2.13. Portanto, um regresso temporal infinito de eventos não pode existir.

2.2. Argumento baseado na impossibilidade da formação de um infinito real pela adição sucessiva.

2.21. Uma coleção formada por sucessivas adições não pode ser realmente infinita.

2.22. A série temporal de eventos passados é uma coleção formada por sucessivas adições.

2.23. Portanto, uma série temporal de eventos passados não pode ser realmente infinita.

3. Portanto, o universo tem uma causa para a sua existência.

Claramente, a premissa crucial neste argumento é (2), e dois argumentos independentes são oferecidos em suporte dele. Vamos, então, passar a examinar os argumentos que o amparam. Com efeito, a premissa mais importante neste argumento é a "2" e há outros argumentos que podem ser oferecidos em seu suporte. Examinemos, portanto, alguns que o amparam. Observemos (2.1) e vejamos que é importante compreendermos a diferença entre um *infinito potencial* e um *infinito real*. Grosso modo, um *infinito potencial* é uma sequência que tem o infinito como limite, sem, contudo, nunca chegar realmente lá. Por exemplo: imagine uma sequência de números, como os naturais. Normalmente, tal sequência pode ser representada por {1, 2, 3...}. Veja que (2.11) admite a inexistência de um *número infinito real*. Pois, se admitirmos o contrário, podemos imaginar um número que fosse maior, o que seria um contrassenso. Talvez a melhor maneira de trazer à tona a verdade de (2.11) seja através de uma ilustração[40].

Usemos o exemplo do Hotel de Hilbert, um produto da mente do grande matemático alemão David Hilbert (1862-1943). Vamos imaginar um hotel com um número finito de quartos. Suponha, além disso, que todos os quartos estão ocupados. Quando um novo hóspede chega pedindo por um quarto, o proprietário se desculpa, "Sinto muito, todos os quartos estão ocupados". Mas vamos imaginar um hotel com um número infinito de quartos e suponha mais uma vez que todos os quartos estão ocupados. Não há um simples quarto vago em todo o hotel infinito. Deste modo, suponha que um novo hóspede apareça pedindo por um quarto. "Mas é claro!", diz o proprietário, e ele imediatamente transfere a pessoa do quarto número 1 para o quarto número 2, a pessoa do quarto número 2 para o quarto número 3, a pessoa do quarto número 3 para o número 4, e assim por diante até o infinito. Como resultado desta mudança de quartos, o quarto número 1 agora se tornou vago e o novo hóspede faz o check-in com gratidão. Mas lembre-se que antes dele ter chegado, todos os quartos estavam ocupados! Igualmente curioso, de acordo com os matemáticos, é que não há agora mais pessoas no hotel do que havia antes: o número é simplesmente infinito. O proprietário acabou de adicionar o nome do novo hóspede no registro e deu-lhe suas chaves – como pode não haver mais uma pessoa no hotel do que antes?

Mas a situação se torna ainda mais curiosa. Suponha que um número infinito de novos hóspedes apareça no balcão pedindo por quartos. "É claro, é claro!", diz o proprietário, e ele prossegue em mudar a pessoa do quarto 1 para o quarto 2, a

---

40. Ibid. CRAIG, William Lane. **O novo ateísmo e os cinco argumentos para a existência de Deus.** 2010. Disponível em: https://pt.reasonablefaith.org/artigos/artigos-de-divulgacao/o-neoateismo-e-cinco-argumentos-a-favor-de-deus/. Acesso em 25 jan. de 2018.

pessoa do quarto 2 para o quarto 4, a pessoa do quarto 3 para o quarto 6, e assim por diante infinitamente, sempre colocando cada ocupante original em um quarto, cujo número seja o dobro do seu próprio. Como resultado, todos os quartos de número ímpar se tornarão vagos, e o número infinito de novos hóspedes é facilmente acomodado. Ainda assim, antes de eles chegarem, todos os quartos estavam ocupados! E novamente, de modo bastante estranho, o número de hóspedes no hotel é o mesmo depois do número infinito de novos hóspedes terem feito *check-in*, ainda que tenha havido tantos novos hóspedes quanto hóspedes antigos. De fato, o proprietário poderia repetir este processo *infinitas vezes* e ainda assim nunca haveria um único hóspede a mais no hotel do que antes.

O Hotel de Hilbert pode ser ainda mais estranho do que o matemático alemão demonstrou ser. Suponha que alguns dos hóspedes comecem a ir embora. Suponha que o hóspede no quarto 1 parta. Existe agora uma pessoa a menos no hotel? Não de acordo com os matemáticos! Suponha que os hóspedes dos quartos 1, 3, 5, 7, 9... partam. Neste caso, um número infinito de pessoas deixou o hotel, mas de acordo com os matemáticos, não há menos pessoas no hotel. Na verdade, poderíamos fazer com que cada hóspede saísse do hotel e repetir este processo infinitas vezes, e ainda assim não haveria menos pessoas no hotel. Mas, em vez disso, suponha que as pessoas dos quartos {7, 8, 9,...} partam. Em uma simples tirada o hotel se tornaria virtualmente vazio, o registro de nomes reduzido a seis nomes (dos quartos {1, 2, 3, 4, 5, 6}), e o infinito convertido em finitude. E mesmo assim continuaria sendo verdadeiro que o mesmo número de hóspedes partiu desta vez como da vez em que os hóspedes dos quartos {1, 3, 5, 7, 9, 11, 13, 15...} partiram. Alguém pode acreditar sinceramente que tal hotel possa existir realmente? Estes tipos de absurdos ilustram a impossibilidade da existência de um número infinito real.

Observe a premissa "2.12". A verdade desta premissa parece claramente óbvia. Se o universo nunca começou a existir, então antes de agora houve um número infinito de eventos prévios ou *contingentes*. Deste modo, uma série infinita (ou *sem começo*), no tempo, implicaria ela própria a existência de um número infinito real de coisas que, no caso, seriam eventos passados. Neste ponto, pode ser proveitoso considerar algumas objeções levantadas contra o argumento. Primeiramente, contra a premissa "2.11". Wallace Matson (1921-2012) contesta que a premissa deve significar que um *número infinito real* de coisas é *logicamente* impossível; mas que é fácil mostrar que tal coleção é logicamente possível. Por exemplo, a série de números negativos {...-3,-2,-1} é uma coleção infinita real sem um primeiro membro. O equívoco de Matson está em pensar que "2.11" significa afirmar a impossibilidade *lógica* de um número infinito real de coisas. O que a premissa expressa é a impossibilidade real de um infinito real.

Para ilustrarmos melhor a diferença entre a possibilidade lógica e a real: não há impossibilidade lógica de alguma coisa vir a existir sem uma causa, mas tal circunstância pode muito bem ser impossível de modo real ou metafísico. Ou de outro modo: nada impede, logicamente, que "algo venha do nada", mas em termos metafísicos reais isso é impossível. Da mesma forma, "2.11" declara que os absurdos conseqüentes na existência real de um infinito real mostram que tal existência é metafisicamente impossível. Portanto, alguém pode conceder que na esfera conceitual da matemática seja possível, dadas certas convenções e axiomas, falar consistentemente sobre séries infinitas de números, mas isto de maneira alguma implica que um número infinito real de coisas seja realmente possível. O *intuicionismo* nega até mesmo que a série de números seja realmente infinita (alguns matemáticos a consideram *potencialmente* infinita apenas). Então, apelar às séries de números como exemplos de infinitos reais, ainda que hipotéticos, é um procedimento controverso, para se dizer o mínimo.

Um filósofo que também contestou o argumento foi J. L. Mackie (1917-1981), defendendo que os absurdos são resolvidos ao notar que, para conjuntos infinitos, o axioma "o todo é maior que suas partes" não é válido, como o é para conjuntos finitos. Semelhantemente, Quentin Smith (1952 -) advogou que, uma vez que entendemos que um conjunto infinito tem um subconjunto próprio com o mesmo número de membros do próprio conjunto, as situações pretensamente absurdas tornam-se "perfeitamente críveis". Todavia, é justamente esta característica dos conjuntos de infinitos que, quando interpretada para a esfera do real, produz resultados que são perfeitamente inacreditáveis, como bem ilustra o exemplo do Hotel de Hilbert.

Ainda assim, há quem sustente que exemplos como o do Hotel de Hilbert não envolvem realmente absurdos. Com o fim de se entender um suposto erro com o argumento *kalam*, imagine, por exemplo, duas colunas paralelas começando no mesmo ponto e expandindo-se na distância infinita, uma coluna de anos passados e a outra coluna de dias passados. A razão por que a coluna de dias passados não é maior do que a coluna de anos passados é que a coluna de dias não irá "expandir-se" além do distante fim da outra coluna, já que nenhuma das duas colunas possui um fim distante. No caso do Hotel de Hilbert, há a tentação de se pensar que algum residente infortunado no fim distante irá cair no espaço. Mas não há fim distante: a linha de residentes não irá se expandir além do fim distante da linha de quartos. Uma vez que isto é compreendido, o produto é simplesmente uma verdade explicável sobre o infinito.

Ora, com efeito é razoável aceitar que o exemplo do Hotel de Hilbert ilustra uma verdade explicável sobre a natureza do infinito real. Se um número realmente infinito de coisas pudesse existir, o Hotel de Hilbert seria possível. Mas, há um problema: o exemplo das colunas falha em ilustrar o ponto central do paradoxo: eu, por exemplo, não vejo tentação em pensar em pessoas caindo no fim distante do hotel, mas tenho dificuldades em acreditar que um hotel em que todos os quartos estão ocupados possa acomodar mais hóspedes. É claro que a linha de hóspedes não irá se expandir além da linha de quartos, mas se todos esses quartos infinitos já possuem hóspedes neles, então será que mudar tais hóspedes de lugar pode realmente criar quartos vagos? A própria ilustração das colunas de anos passados e de dias passados não é menos inquietante para mim: se dividirmos as colunas em segmentos do tamanho de um pé e marcarmos uma coluna como os anos e a outra como os dias, então uma coluna é tão longa como a outra e mesmo assim para cada segmento do tamanho de um pé na coluna de anos, são encontrados 365 segmentos de tamanho igual na coluna de dias!

Estes paradoxos podem ser evitados somente se as colunas de infinitos anos e dias puderem existir apenas na imaginação e não na realidade. De qualquer forma, a ilustração do Hotel de Hilbert não é exaurida por lidar somente com a adição de novos hóspedes, pois a subtração de hóspedes resulta também nos mais diversos absurdos. Logo, parece que as objeções à premissa "2.11" são menos razoáveis do que ela própria!

Com relação à "2.12", o passado deve ser considerado como um *infinito potencial* apenas, não como um *infinito real*. Tomás de Aquino advogou esta posição, contra Boaventura, e recentemente o filósofo Charles Hartshorne (1897-2000) alinhou-se ao pensamento tomista. Todavia, tal posição não se sustenta. O futuro é potencialmente infinito, já que ele não existe; mas o passado é real de um modo que o futuro não é. Nós possuímos traços do passado, por exemplo, no presente, mas não traços do futuro. Percebe-se uma ligação direta dos efeitos de eventos passados, no presente, mas o mesmo não se segue, quando imaginamos o futuro. Se a série de eventos passados não começou a existir, então há uma infinidade de eventos passados.

Contudo, se houve uma infinidade de eventos passados, não é possível ter chegado *hoje*, dada a impossibilidade de infinitos eventos terem sido "ultrapassados" para que se chegasse hoje! E observe que de igual forma seria impossível também ter chegado o dia de ontem! E, do mesmo modo, o dia antes de ontem. E assim sucessivamente. Portanto, se a série de eventos passados nunca começou a existir, então deve ter havido um número infinito real de eventos passados, o que impossibilitaria a existência da própria história. Admitir uma infinidade de eventos passados é um *reductio ad absurdum*. As objeções contra ambas as premissas, portanto, parecem ser menos convincentes do que as premissas em si. Portanto, conclui-se que este argumento fornece bons fundamentos para aceitar a verdade da premissa "2", ou seja, que *o universo começou a existir*. E, se assim foi, então o universo teve uma causa. E esta, por sua vez, não pode ter sido causada, doutra forma incorreríamos no mesmo regresso *ad infinitum*. Deus surge como o candidato mais plausível, como *causa incausada* da criação do universo.

O ARGUMENTO MORAL DA EXISTÊNCIA DE DEUS

O *argumento moral* da existência de Deus é antigo e, apesar de originalmente não ser encontrado na História com esse nome, é evidentemente após a ascensão do Cristianismo que o argumento ganha a conotação que lhe é atribuída, hoje, e especificamente a partir dos textos bíblicos, que a ideia de que a moral exista como resultado do conceito de que valores morais objetivos existam, a partir de algo ou alguém em relação ao qual possamos medir tais valores. Todavia, é importante que nesse ponto entendamos as questões filosóficas principais que circunscrevem a questão dos valores e que constituirão um ponto elementar para as discussões na filosofia da religião.

Vários eticistas na atualidade têm defendido formas distintas de argumentos morais para a existência de Deus. Mas, o que são *valores morais*? Valores têm a ver com algo *em si*, sendo *bons* ou *maus*. Eticistas concordam que, por outro lado, *deveres morais* se relacionam com o *certo* e o *errado*. Estes conceitos se distinguem, pois algo pode ser *bom* para mim, sem ser necessariamente *certo*. Uma profissão pode ser boa e não ser a certa para mim, por exemplo. É *bom* que se diga a verdade, mas será sempre *certo*? Vimos algo assim no capítulo em que tratamos da Ética e, aqui, nos deteremos aos aspectos da *moral* que normalmente são usados na filosofia da religião para abordar a questão da existência de Deus.

A questão principal que segue a presente discussão relaciona-se à ideia de *objetivo* e *subjetivo*. Os valores seriam objetivos ou subjetivos? Se se defende que há o *bom* e o *mau*, então deve existir algo com o que se compare nossa escala de valores sobre o que é e o que não é bom. Há algo que nos diz, independente das diferenças culturais, que ações como pedofilia, estupro, assassinato, etc. são *más*. Com estas distinções em mente, aqui está um argumento moral simples para a existência de Deus:

1. Se Deus não existe, valores e deveres morais objetivos não existem.

2. Valores e deveres morais objetivos existem.

3. Logo, Deus existe.

Acerca deste argumento, o William L. Craig escreve:

> O que torna este argumento tão convincente não é apenas porque ele é logicamente rígido, mas porque as pessoas geralmente acreditam em ambas as premissas. Assim a premissa 1 parece ser correta a elas. Valores e

deveres morais não são realidades objetivas (isto é, válido e obrigatório independente da opinião humana), mas são meramente opiniões subjetivas impregnadas em nós pela evolução biológica e condicionamentos sociais. Ao mesmo tempo, entretanto, as pessoas acreditam profundamente que certos valores e deveres morais como tolerância, abertura de mente e amor são objetivamente válidos e obrigatórios. Eles pensam que é objetivamente errado impor seus valores às demais pessoas! Sendo assim, eles estão profundamente compromissados com a premissa 2 também[41].

As pessoas ouvem, com certa frequência, uma refutação paradoxal ao *argumento moral* nos moldes de um dilema, intitulado Dilema de Eutifron, nome de um dos personagens de um diálogo de Platão. Ela basicamente é assim: *algo é bom por que Deus assim o quer? Ou Deus o quer porque este algo é bom?* Se se diz que *algo é bom porque Deus quer*, então o bom se torna arbitrário. Deus poderia ter desejado que o ódio fosse bom, e assim nós seríamos moralmente obrigados a odiarmos uns aos outros. Pelo menos alguns valores morais parecem ser necessariamente bons ou objetivamente bons. Mas se você disser que *Deus quer alguma coisa porque ela é boa*, então o que é bom ou mau independe de Deus. Neste caso, valores e deveres morais existiriam independentemente de Deus, o que contradiz a premissa 1.

O ponto fraco do Dilema de Eutifron é que o mesmo é substancialmente falso ou, em outras palavras, não apresenta realmente um dilema. Deus quer algo, não porque o que ele quer é bom, apenas, mas porque Ele é bom. Assim, o que Deus quer é bom pois sua vontade é perfeitamente boa. A própria natureza de Deus é o padrão de bondade, e suas ordens a nós são expressão de sua natureza. Em resumo, nossos deveres

---

41. CRAIG, W. Argumentos para a existência de Deus. 2010. Disponível em: https://pt.reasonablefaith.org/artigos/artigos-de-divulga-cao/o-neoateismo-e-cinco-argumentos-a-favor-de-deus/. Acesso em: 25 de jan 2018.

morais são determinados pelas ordens de um Deus justo e amoroso. Desta forma valores morais não são independentes de Deus porque o caráter próprio de Deus define o que é bom. Deus é essencialmente justo, bom, imparcial, etc. Sua natureza é o padrão moral que determina o que é certo ou errado. Suas ordens necessariamente refletem sua natureza moral. Portanto, não existe arbitrariedade. O bem e o mal morais são determinados pela natureza de Deus, e o certo e o errado morais são determinados por sua vontade.

William Alston (1921-2009) respondeu à questão do Dilema de Eutífron a partir da diferenciação entre a *metafísica da bondade* e a *moralidade da bondade*. É precisamente a forma como expusemos, anteriormente, a ideia da *natureza de Deus*: se Deus é essencialmente bom, então sua vontade é essencialmente boa e sua natureza e vontade determinam, por sua vez, o que Deus escolhe como *bom* e *mau* e o *certo* e o *errado*[42]. Embora os ateus continuem a atacar o espantalho erigido através do Dilema de Eutifron.

No fim, a questão é simples: se Deus existe, então o que Ele disse é perfeito e o que Ele quer é o correto a se fazer. Como os seres humanos são conscientes de que precisam buscar o que é *bom* e fazerem o *certo*, há algo que aponta para um padrão *absoluto* de bondade e moralidade, que obviamente é externo ao homem (do contrário, tal aptidão não seria natural). É preciso muito mais do que meras construções sócio-culturais apenas para se estabelecer um padrão de moral que se nos apresenta universal. As palavras do Ap. Paulo nas Escrituras corroboram esta ideia:

> De fato, quando os gentios que não têm Lei, praticam naturalmente o que ela ordena, tornam-se lei para si

---

42. SMITH, R. Scott. **In Search of Moral Knowledge**: Overcoming the Fact-Value Dichotomy. [S.L.] IVP Academic, 2014.

mesmos, muito embora não possuam a Lei; pois demonstram claramente que os mandamentos da Lei estão gravados em seu coração. E disso dão testemunho a sua própria consciência e seus pensamentos, algumas vezes os acusando, em outros momentos lhe servindo por defesa[43].

43. Carta aos Romanos, 3:14-16.

εpílogo

Para que serve a filosofia?

No presente trabalho, tentamos, como dissemos no início, percorrer os principais temas da filosofia, buscando informações tradicionais e as mais atuais sobre os temas dispostos. Obviamente, um livro de *introdução* não é exaustivo, mas isso não significa que não seja abrangente. Essa foi nossa preocupação. Os principais tópicos dos temas propostos nesta introdução foram todos apresentados com uma evolução nos e entre os capítulos, que levou em conta um desdobramento natural dos temas a partir de clássicas e novas indagações. Cremos que, numa leitura atenta, o(a) leitor(a) terá percebido o material que lhe ficará para consulta. E reforçamos a importância dessa consulta. Este não é apenas um livro para ler, mas um livro de se ter.

E por que é importante a leitura recorrente? Porque, para além da memória, a familiaridade com as questões apresentadas é fundamental no processo de formação filosófica. Um filósofo não lida com nenhum outro equipamento - tubos de ensaio, ferramentas de medição de precisão, etc. -, senão o livro e sua própria razão. Não há laboratórios para o filósofo além dos experimentos mentais que deve fazer, associados às informações de que dispõe, afim de que possa construir um quadro panorâmico que envolva as situações sobre as quais perscruta. Com efeito, a tarefa filosófica, apesar de ampla, reduz-se basicamente à leitura e análise, a partir das quais o filósofo poderá concluir o que lhe parece lógico ou razoável.

Esta tarefa é fascinante, por si. Primeiro, porque infelizmente estamos em uma época em que a demanda por conhecimento técnico foi *informatizada*, e as especificidades das muitas áreas do saber praticamente impedem que um profissional de determinada área "converse" com outra, apesar do consenso quase geral de que isso é necessário. Um panorama, como nos primeiros dias da filosofia, onde o filósofo se dedicava às áreas do saber de então, é virtualmente impossível. Assim, até dentro da filosofia, o que se tem visto são caminhos estritamente distintos, com áreas de atuação distintas, que promovem uma divisão na filosofia entre éticos, metafísicos, *epistemólogos, lógico-linguísticos*, dando a impressão para alguns de que a filosofia não é *uma* atividade, mas muitas, disposta em suas áreas de produção intelectual, com filósofos específicos para as mesmas; um pensamento do qual discordo.

A filosofia é uma só e ainda é imprescindível que alguém que queira se aventurar em seus domínios, se familiarize corretamente com as relações e inter-relações de suas áreas, sabendo que as tais somam um todo que, a exemplo da máxima da corrente psicológica da Gestalt, "é maior maior do que a soma das partes". O filósofo é, portanto, alguém que encerra esta tradição secular ainda pujante, vívida, necessária, auspiciosa. É necessária porque, como se vê, nunca se precisou tanto da filosofia. A própria busca pelo saber, o *espanto* diante dos fenômenos da realidade, como diria Aristóteles, ainda impulsiona o filósofo na busca do saber que não deve morrer consigo: é transformado em ilações de raciocínios, seja em livros, em palestras, em ensino, em artigos, que impulsionarão sua geração e as subsequentes na ininterrupta tarefa de se conhecer a verdade, ainda que a mesma não seja alcançada totalmente. Mas, isso não importa. O que importa é a continuidade da procura, a clareza da excelência da tarefa que, certamente, avançará por antigas e novas áreas do conhecimento humano.

Destarte, penso que atualmente, talvez como em poucos momentos da História, a filosofia recebe uma reviravolta como ciência, não só através das muitas metodologias que têm surgido – principalmente após a analítica, em fins do século XIX -, mas em resultados. Cada vez mais filósofos são ouvidos em áreas tão distintas como a da educação, da política, da sociologia, da psicologia, da literatura, do direito, da linguística, da matemática e da física, da ciência. Com toda a departamentalização do saber humano, a filosofia vem cumprindo seu papel, preconizado ainda à época em que era considerada a *mater sciencia*, a partir da qual as demais viriam, como desdobramentos imediatos ou mediatos de suas atividades. Há cerca de 2.600 anos, a filosofia vem cumprindo o papel daquilo a que se propõe.

Dado o pragmatismo atual, que a tudo contamina, é perfeitamente possível que se pense: *Para que serve a filosofia?* Esta pergunta tem sido feita também em relação à teologia, uma vez que, pode-se dizer, esta não existiria sem aquela. Como a teologia é uma ciência que também se faz com os livros, a razão e acrescente-se a fé *racional*, que gera um *culto racional*, conforme o Ap. Paulo frisa na Carta aos Romanos, 12:1, não é de admirar que, por não se verem seus efeitos práticos imediatos, também se pergunte: *Para que serve a teologia?* Pelo fato de se tratarem de ciências geradoras, prolíficas, milenares, alguns podem pensar que tal pergunta não mereça uma atenção séria, pois revela a ignorância de nosso tempo: tão veloz, informatizado, prático, ágil, e tão pouco sábio. Possivelmente, a melhor resposta que se possa dar e que englobe tanto a filosofia quanto a teologia, seja a seguinte: *Para nada*! De fato, não se constroem pontes, navios, carros, aviões, satélites, lasers, remédios, prédios, instrumentos de precisão, *nada*. Não se fazem pavimentos, máquinas pesadas industriais ou objetos de medição astronômica. Mas, talvez a melhor forma de vermos a questão seja modificar um pouco a pergunta e não indagarmos para que serve a filosofia ou a teologia, pensando sobre o que *fazemos com ambas;* mas o que a filosofia ou a teologia *fazem conosco.*

REFERÊNCIAS

ARISTÓTELES. Ética a **Nicômaco**. São Paulo: Nova Cultural, 1991.

ARAÚJO, André Ferreira de. **A Existência e A Essência de Deus na Filosofia de Tomás de Aquino**. [201-], disponível em: http://www.ambito-juridico.com.br/site/?n_link=revista_artigos_leitura&artigo_id=14784&revista_caderno=15. Acesso em 20 maio 2018.

BLACKBURN, Simon. **Dicionário de Filosofia**. Lisboa: Gadiva, 1997.

BRENTANO, Franz C. H. H. **Psychology from an Empirical Standpoint**. Londres: Routledge, 1995.

CRAIG, William Lane. **O novo ateísmo e os cinco argumentos para a existência de Deus.** 2010. Disponível em: https://pt.reasonablefaith.org/artigos/artigos-de-divulgacao/o-neoateismo-e-cinco-argumentos-a-favor-de-deus/. Acesso em 25 de jan. 2018.

FILHO, Raul Landim. **Argumento Ontológico**: a prova a priori da existência de Deus na filosofia primeira de Descartes. Dez 2000. Disponível em: < http://www.revistas.usp.

br/discurso/article/view/38036/40762>. Acesso em 10 de dez. 2017.

GEISLER, Norman. **Enciclopédia Apologética**. São Paulo: Vida Acadêmica, 2002. 654-655.

HUME, David. **Dialogues Concerning Natural Religion.** Indianapolis: Bobbs-Merrill. 1947, p. 190.

KENNY, Anthony. **Uma Nova História da Filosofia Ocidental**. V. I. São Paulo: Edições Loyola, 2009.

LEIBNIZ, G. W. **The Principles of Nature and of Grace, Based on Reason**. New York: Charles Scribner's Sons, 1951.

LEITE JUNIOR, P. G. da S. Ética das virtudes. Set. 2012. Disponível em: <https://www.trabalhosfeitos.com/ensaios/%C3%89tica-Das-Virtudes/337268.html>. Acesso em 2 de dez. 2017.

MALCOM, Norman. **Ludwig Wittgenstein**: A Memoir. London: Oxford University Press, 1958.

MEDEIROS, João. G. Cirelli. **As Virtudes Éticas em Aristóteles** – A ação moralmente boa, o meio-termo e a justiça. Jul. 2016. Disponível em: https://jus.com.br/artigos/50831/as-virtudes-eticas-em-aristoteles. Acesso em 25 mar. de 2018.

MORELAND, J. P. DEWEESE, Garret. **Filosofia Concisa**. São Paulo: Vida Nova, 2011, p. 45.

OLIVA, Alberto. **Teoria do Conhecimento**. Coleção Filosofia Passo a Passo. São Paulo: ZAHAR, 2011.

PEREIRA JR. Alfredo. Uma Abordagem Naturalista da Consciência Humana. **Trans/Form/Ação**, Marília (SP), v. 26, n. 2, 2008. Disponível em: http://www.scielo.br/scielo.php?script=sci_arttext&pid=S0101-31732003000200006. Acesso em 7 de maio de 2018.

PINTO, José Rui da Costa. A Filosofia da Religião: Percurso de Identidade. **Revista Theologica**, Braga, n. 45, fasc. 2, p. 541-555, 2010. Universidade Católica Portuguesa.

RUSSELL, Bertrand. COPPLESTON, F. C. **The Existence of God.** New York: Macmillan & Co., 1964.

SCHAFF, Phillip. WACE, Henry. **Nicene and Post-Nicene Fathers**. Grand Rapids: Wm B. Eerdmans Publlishing Co., 1955.

SMITH, R. Scott. **In Search of Moral Knowledge**: Overcoming the Fact-Value Dichotomy. [S.L.] IVP Academic, 2014.

SWEEETMAN, Brendan. **Religião**: Conceitos-Chave em Filosofia. São Paulo: Penso, 2013.

TALIAFERRO, Charles. GRIFFITHS, Paul J. (org.). **Filosofia das Religiões** – uma antologia. Lisboa: Instituto Piaget, 2003.